「落ちこみグセ」をなおす方法

Ochikomi-Guse-wo-Naosu-Houhou

図解&書きこみ式

林恭弘
Hayashi Yasuhiro…日本メンタルヘルス協会心理カウンセラー

心が強くなれば人生が変わる!

総合法令

一目でわかる「落ちこみグセ」をなおす全体図

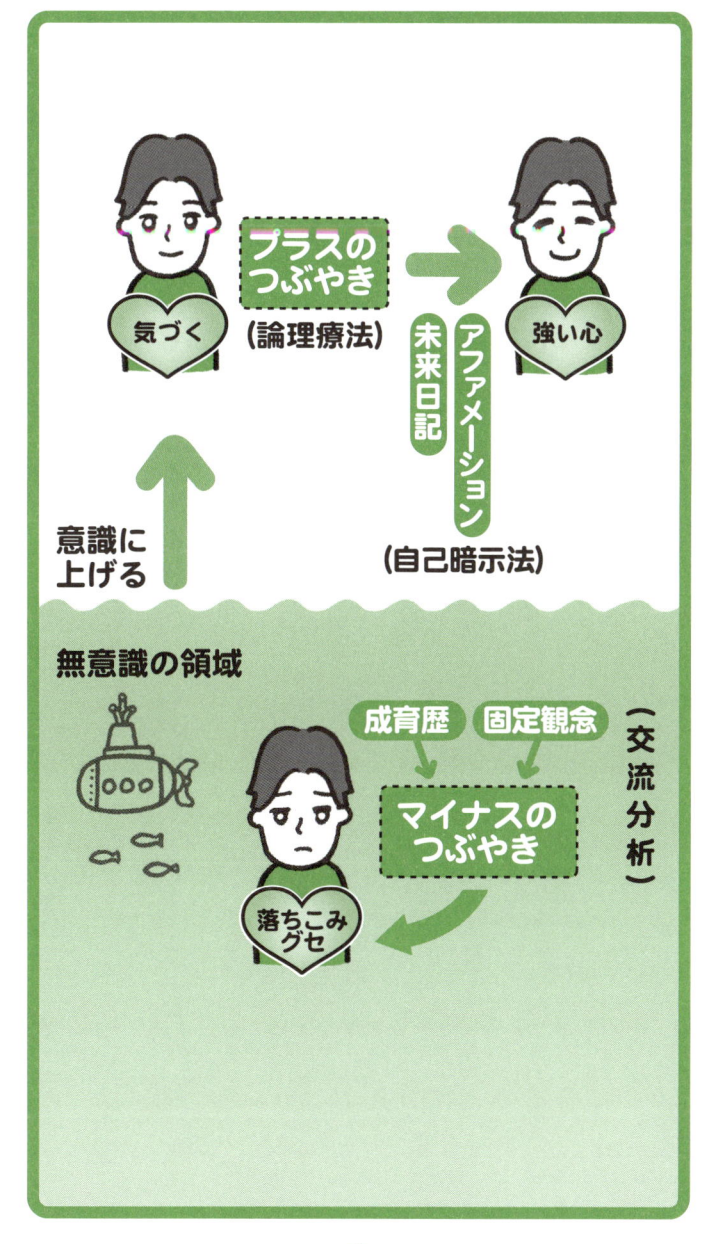

気づく　**プラスのつぶやき**（論理療法）　→　強い心

アファメーション　未来日記　（自己暗示法）

意識に上げる

無意識の領域

成育歴　固定観念　→　**マイナスのつぶやき**　（交流分析）

落ちこみグセ

プロローグ　性格はあなたの思うように変えられる

　この本であなたにお伝えしたいことは、**「性格は変えられる」**ということです。
　キャラクター（性格）の語源は「刻みこむ」という意味です。私たちの心は、それぞれの個性があるにしても、生活の中でさまざまな刺激を受け、つくられていきます。
　知らず知らずのうちに「この出来事に対しては、このような気持ちがわく」というようにパターン化されていくものです。それを私たちは「性格が暗い」、あるいは「落ちこみグセがある」などと思いこんでいます。
　しかし、その性格がパターン化されて私たちの心に書きこまれたものだとすれば、**違うパターンで書きなおすことだってできる**わけです。つまり、「性格は変えられる」ということです。
　日常生活のさまざまなシーンで、あるいはビジネス・シーンにおいて、

一見すると逆境ともとれる出来事や状況においても、積極的な気持ちを持って、前向きな行動へと進んでいくことを目指したいものです。

　この本は2004年に発行された、ポチ・たまと読む心理学シリーズ『落ちこみグセをなおす練習帳』がたいへん好評を得たことにより、さらに読者の心に響くことを目的に、図解の解説を加え、ワークブックとして活用できるように改めて書いたものです。さらにこの本の後半においては、ポチ・たまと読む心理学シリーズ『「わたしの生きる道」を見つける練習ノート』のエッセンスを取り入れ、自分によいイメージを持ち、それを定着させるような構成にしました。自己イメージは、自分に対する信頼感と深く結びついており、心の強さをもたらしてくれるからです。

　あなたがこの本を通してさまざまな逆境を乗り越え、豊かな心理生活を実現されることを期待します。

図解&書きこみ式「落ちこみグセ」をなおす方法　CONTENTS

一目でわかる「落ちこみグセ」をなおす全体図　1

プロローグ　性格はあなたの思うように変えられる　2

Chapter1　落ちこみの原因は「心のつぶやき」だった！

プラス思考・マイナス思考とは？　8
落ちこむ人・落ちこまない人の違い　10
つぶやき練習問題①　12
つぶやき練習問題②　16
つぶやき練習問題③　19
プラス思考はノーテンキとは違う　22
プラス思考の基礎「しゃあない」　24
落ちこみグセをなおす「心の着替え」　26

Chapter2　「心のつぶやき」はどこからやって来たの？

だれでも固定観念にしばられている　30
無意識のつぶやきに目を向けよう　32
固定観念に気づくためのワークシート①　34
固定観念に気づくためのワークシート②　40
固定観念に気づくためのワークシート③　48
「何でもアリ」が心を強くする　56
幸せな人は、幸せを「選んだ」人　60

Chapter3　心に刷りこまれたメッセージが人生をつくっている

あなたの思考パターンをチェックしよう　64

人生の脚本があなたをつくっている　68
与えられた禁止令を守っていませんか？　70
愛されたいから期待に応えてきた　74
愛によって禁止令がとける　76
プラス・メッセージが人生の脚本を換える　78
プラス・メッセージを受け取る方法　80
愛の貯金をする５つのキーワード　82

Chapter4　自分を愛することで落ちこみグセをなおす

自分を好きな人は強い人　90
自分をあきらめることだってたいせつ　92
自分を信じる人は他人と未来を信じる　96
つまりはアイデンティティ　98
アイデンティティを獲得する　100
人間関係は鏡　104

Chapter5　望む人生を手に入れる方法

どんな未来を描いていますか？　108
悲しいストーリーは自分でつくっていた　111
イメージが現実化するワケ　114
夢を実現してきた人の共通点　116
あなたの「成功ストーリー」を脚本する　118
望む未来の日記をつける　120
あなたの未来日記をつけてみよう　124
アファメーションは未来の自分をつくる　128
３つのポイントでアファメーション　130
幸せになる決意をする　134

エピローグ　136

装丁：日下充典
本文イラスト：八木美枝（SHD）
図表：横内俊彦

Chapter1

落ちこみの原因は
「心のつぶやき」だった！

プラス思考・マイナス思考とは？

プラス思考・マイナス思考は
「心のつぶやき」がつくっている

■いきなりプラス思考になんてなれません！

「プラス思考」。だれもが「そうなれればいい」と思っているのではないでしょうか？

　しかし実際には、日常のさまざまな出来事の中で落ちこみ、悩み、つらい思いを抱えこんでしまうことがあります。

　そのようなときに、「いつまで悩んでいてもしかたがないよ。プラス思考にならなくちゃ！」。このように励ましてくれる人たちがいるものです。

　しかし悩んでいるあなたからすると、「わかっちゃいるけど、そうなれないんだよ」。こう言いたい気分になるのではないでしょうか？

「プラス思考」は気合でも根性でもありません。ですから「プラス思考だ！」と叫んでもかなうものではないのです。

　なぜなら、プラス思考、マイナス思考とは「心の中のつぶやき」だからです。プラス思考が身についている人は、心の中でごく自然に「よいつぶやき」をしています。

　もし、あなたに「落ちこみグセ」があるとすれば、それは自分でも気づかぬうちに心の中で「悪いつぶやき」をしていることになります。

プラス思考・マイナス思考の人のつぶやき例

プラス思考の人

きっと、よくなりそう

マイナス思考の人

絶対うまくいかない

■あなたの心は変えられる

　心の世界はすべてが、ごく自然に出てくる「心の中のつぶやき」です。あなたの落ちこみグセは生まれついての性格ではありません。
　それは知らず知らずのうちに、心に積もった「つぶやき」があなたを落ちこませているのです。
　ですから、そのあなたを落ちこませている「**つぶやき**」**に気づいて書き換えることで、あなたの心は変えていくことができます**。落ちこみグセは、あなた自身でなおすことができるのです。

落ちこむ人・落ちこまない人の違い

「周りの状況」ではなく、
「受け止め方」に違いがあった

■出来事は、幸せ・不幸とは関係ない？

　私たちは日々の生活で、また人生の中でさまざまな出来事に出会い、喜びを感じたり、また悩んだりします。
　その「出来事」が幸せや不幸をもたらしていると思いがちですが、じつは、決してそうではないのです。このことを、心理学者アルバート・エリス博士は「ＡＢＣ理論」として説明しています。

■ＡＢＣ理論

　ＡＢＣ理論の、Ａは Adversity の頭文字で「出来事や状況」という意味です。私たちは出来事や状況が直接Ｃ＝ Consequence「感情や結果」をもたらすのだと思っていますが、じつはその間にＢ＝ Belief「受け止め方」が介在しているわけです。
　ですから**同じ出来事が起こっても、それぞれ人によって持つ感情が違います**よね。「どうしてあの人はあの程度のことで悩んでいるのだろう」とか、一方では「どうしてあの人はあんな状況なのに平気なのだろう」ということが出てくるのはそのせいです。
　つまり「受け止め方」（出来事・状況に対する心のつぶやき）が**感情や結果をつくりだしている**わけです。

ABC理論

- **A** 出来事・状況 → **B** 受け止め方・こころの中のつぶやき → **C** 感情・結果

受け止め方で感情や結果が変わる

- **C** 前向き・平然
- **B** プラス思考のつぶやき
- **A** 出来事
- **B** マイナス思考のつぶやき
- **C** 落ちこみ

つぶやき練習問題①

「予期せぬ出来事」が起こったとき、
乗り切るためのつぶやきを考えよう

■ **つぶやきチェック**

　あなたは次のようなことが起こったときには、心の中でどのようなつぶやきをしているのでしょうか？
　ここで、あなたが心でどんな「つぶやき」をしているかのチェックをしてみましょう。

Lesson 1 「予期せぬ出来事」が起こったときのつぶやき

　結婚を約束していた彼女（彼）が、他に好きな人ができて、自分のもとから離れていった……。

さて、あなたはこんなとき心の中でどのようなつぶやきをしているのでしょうか？　思い当たるものに、いくつでもチェックをしてみてください。

あなたの思いつくつぶやきをチェックしてみよう

☐ こんなことが自分に起こるべきではない
☐ 彼女（彼）は最低の人だ
☐ 結婚の約束までしていたのに心変わりするべきではない
☐ 自分をこんなにも傷つけて、許せない
☐ 自分には魅力がなかったのか
☐ その新しい相手に自分は負けた
☐ 人なんてもう信用できない
☐ 恋愛はもう怖い
☐ 自分は異性から愛されない人間だ
☐ きっとまた裏切られる

　失恋して落ちこんでいるときには、このような「つぶやき」を心の中でブツブツ言っているはずです。
　しかし、違う受け止め方（つぶやき）はないのでしょうか？　心からは思えなくても結構です。
　考えられるかぎりの違う受け止め方（つぶやき）を、次のページの枠に書き出してみてください。

チェックした以外のつぶやきは？　書きこんでみよう

①

②

③

④

⑤

⑥

⑦

⑧

⑨

⑩

いかがでしょうか？　どんなつぶやきを書き出すことができましたか？
　ここで、プラスのつぶやき例をあげてみましょう。失恋して落ちこみ泣きはらした後に、立ちなおってまた新しい日々を送り恋愛を迎える人は、次のようなつぶやきを見つけて、胸の中に深く収めていきます。

chapter
1

プラスのつぶやき例

① 彼女（彼）が離れていったことは事実なのでしかたがない
② 自分にもこんなことが起こるものなのだ
③ 自分もつらいけれど、彼女（彼）も迷い苦しんだのかもしれない
④ 結婚の約束をしていても、破談になる可能性は一般的にもあるものだ
⑤ いまはつらくて悲しいけど、きっと耐えられる
⑥ 彼女（彼）と恋愛はしたけれど、パートナーとしては違ったのかもしれない
⑦ その新しい相手は自分とは違うよさがあったのだろう
⑧ 人の心は常にうつり変わるものだということを受け入れよう
⑨ パートナーとなる異性は彼女（彼）だけではない
⑩ 今回の経験を通して自分が成長することで、もっと素敵なパートナーとの出会いがあるかもしれない。自分に見合う人としか縁はないものだ

つぶやき練習問題②

「不都合な出来事」が起こったとき、
気持ちを切り替えるつぶやきを考えよう

Lesson 2　不都合な出来事が起こったときのつぶやき

わが子（兄弟）が不登校になった。

あなたの思いつくつぶやきをチェックしてみよう

☐ こんなことが起こるべきではない
☐ 子どもは学校に行くべきである。行かねばならない
☐ 学力が落ちるに違いない
☐ ろくな学校に進学できない
☐ 将来の就職にも不利だ
☐ 社会の落ちこぼれになる
☐ 子育てを間違えた
☐ 親（兄弟）として恥ずかしい、情けない
☐ 世間体が悪い
☐ この子の人生、お先真っ暗だ

わが子が不登校になって、落ちこんでいる人は前ページのようなつぶやきをしているはずです。そして子どもにも、自分にも余計にストレスをかけていきます。結局は家庭の雰囲気をますます重くしていくばかりで、なにも解決しません。

チェックした以外のつぶやきは？　書きこんでみよう

①

②

③

④

⑤

⑥

⑦

⑧

⑨

⑩

わが子が不登校になり、一時は落ちこみ悩んでも、家族で力を合わせてなんとか乗り越えていく人は、以下のようなプラスのつぶやきへと書き換えていくことで、かえって家族の絆を深めていきます。
　そして時間はかかったとしても、子どもはエネルギーを取り戻していきます。

プラスのつぶやき例

① この子が不登校になったことは事実である
② 自分たちが知らないうちに、ずいぶんつらい思いをしていたのかもしれない
③ 忙し過ぎて家庭があたたかい空気ではなく、悩みを打ち明けにくかったのかもしれない
④ いまこそが心を開いてゆっくり話を聴く機会なのかもしれない
⑤ この子なりの思いや考えがあるのかもしれない
⑥ 学校に行けるにこしたことはないけれど、それがすべてではない
⑦ 高学歴で勝負し、渡り歩いていくことは難しいかもしれないけど、他の生き方だってある
⑧ この子の個性とよさをこれからはよく見ていこう。すばらしいところは必ずたくさんある
⑨ 将来どんな大人になりたいのか話し合おう
⑩ 「学校に行けなくても愛している」って言ってあげよう。いままでは照れくさくて、そんなことはなかなか言えなかったから

つぶやき練習問題③

「不利益な出来事」が起こったとき、解決策が見えてくるつぶやきを考えよう

chapter 1

Lesson 3　不利益な出来事が起こったときのつぶやき

重い病気になって入院した。

あなたの思いつくつぶやきをチェックしてみよう

☐ こんなことが自分に起こるべきではない
☐ 何がいけなかったっていうんだ！
☐ 悪い病気で治らないかもしれない
☐ 社会から置いていかれる
☐ 自分のことなど忘れられてしまうのではないか
☐ 入院などしている暇はない
☐ 職場の人に迷惑をかける
☐ 家族に心配と負担をかける
☐ だめかもしれない、死ぬのが怖い
☐ もう耐えられない

「病気が人を蝕むのではなく、妄想が人を蝕む」とは、昔からよく言われた言葉でもあります。病気になるということは日々の生活の不摂生が大きな原因ではありますが、それさえも常日頃の「心構え」から

です。

　マイナスのつぶやきが心の中を占め、イラだつばかりで、身近な人や周囲の環境に感謝の気持ちを忘れ、ストレスをためこんでいるとやはり病気になる確率は格段に高くなります。

チェックした以外のつぶやきは？　書きこんでみよう

①

②

③

④

⑤

⑥

⑦

⑧

⑨

⑩

プラスのつぶやき例

① 病気になったことは事実である。しかたがない
② もう少し身体に意識を向けることが必要だったのだろう
③ 仕事や生活、そして人生全体のアンバランスが身体からの SOS として教えてくれているのかもしれない
④ 時間はロスするが、生き方を考えなおしてみる機会かもしれない
⑤ 職場の人には迷惑をかけるが、逆に人が育ってくれるといい
⑥ 家族には心配と負担をかけるが、ゆっくり向き合うよい機会かもしれない
⑦ 健康を損ねて、あらためて健康であることのたいせつさがわかった
⑧ あたりまえであることの有難さを知るよい機会である
⑨ 感謝の気持ちをあらたにして、周囲の人にそれを伝えよう
⑩「病は気から」というではないか。心を健やかに保ち、やさしい気持ちでいると、きっとよくなる。そして、いまはつらいけれど耐えられる

プラス思考はノーテンキとは違う

マイナスのつぶやきがあっても、
プラスのつぶやきにも気づいてあげよう

■マイナスのつぶやきはあってもいいのです

「プラス思考」と言うと、「何でも前向きに考えて！」というようにとらえられがちですが、そうではありません。

先ほど解説しました、「予期せぬ出来事」「不都合な出来事」「不利益な出来事」に対してあげた「プラスのつぶやき」は、いま落ちこんでいる人にとっては、少々無理があるかもしれません。

なぜならば、マイナスのつぶやきも確かに心の中でささやいているからです。ですから、「くよくよしないでプラス思考で！」と言われても、それは現実的ではないのです。いわばそれは「マイナスには目を背けてノーテンキになれ」と言っているようなものだからです。

■プラスのつぶやきもつくれる

では現実的にはどうなのかと言うと、**「マイナスのつぶやきもたくさんあるけれど、プラスのつぶやきもつくることができる」**ということです。「つぶやき練習問題①②③」では、それぞれの出来事や状況に対して10ずつ、合計30のプラス・マイナスのつぶやきを紹介しましたが、「どちらのつぶやきもある」ということが現実です。

言い換えてみれば「落ちこみグセ」の人は、マイナスのつぶやきしかなく、プラスのつぶやきがあることにすら気づいていない人かもし

マイナス・プラス両方つくれる

出来事
（例：結婚を約束していた彼女にふられた）

プラスのつぶやき

彼女が離れていったことは事実なのでしかたがない

自分もつらいけれど、彼女も迷い苦しんだのかもしれない

いまはつらくて悲しいけどきっと耐えられる

彼女はパートナーとしては違ったのかもしれない

自分に見合う人としか縁はないものだ

マイナスのつぶやき

彼女は最低の人だ

結婚の約束までしていたのに心変わりするべきではない

自分をこんなにも傷つけて、許せない

自分は異性から愛されない人間だ

きっとまた裏切られる

落ちこむ人はこっちだけ

ほんとうはどちらのつぶやきもある

れません。それを「固定観念」と言います。

> ## プラス思考の基礎「しゃあない」
>
> 受け入れることで、
> はじめて一歩踏み出せる

■「しゃあない」で過去の出来事・状況への執着を捨てる

　あなたが落ちこみグセから脱出して、プラス思考へと変わっていくはじまりは、「**しゃあない**（標準語では"しかたがない"）」というつぶやきからです。

　落ちこみグセの特徴は、「こんなことが起こるべきではない」という「起こってしまった過去の出来事や状況への執着」です。

　だから、心でその出来事を拒絶しているために、「つぶやき」は否定的なものしか聴こえてこないのです。つまり、ずっと後ろを向いた状態なのです。これでは前を向いてプラス思考はできません。

　私たちは日々や人生の中で、「予期せぬこと」「不都合なこと」「不利益なこと」に数え切れないくらい遭遇するのが現実です。もしあなたが「予期していたとおりのこと」「都合のいいこと」「利益になること」ばかりの日々や人生であれば、落ちこんだり悩んだりすることはないでしょう。

　そこで、「しゃあない」というつぶやきを心の中で唱えることで、その出来事や状況を「**そのことは残念ではあったけれど、受け入れた**」ということになります。そして、はじめてそこから一歩前に踏み出していけるのです。

「しゃあない」が一歩踏み出す勇気をくれる

ガーーーン
ショックな出来事

出来事への執着
マイナスのつぶやきしかでてこない
こんなことは起こるべきではない

ゴロン
ショックな出来事
しゃあない！バイバイ

プラスのつぶやきへ

落ちこみグセをなおす「心の着替え」

出来事・状況に合わせて
つぶやきを選びましょう

■つぶやきは自由に選べる

　ここまで見てきたように、「プラス思考」というのは「ノーテンキになれ」ということではありません。プラス思考は「マイナスのつぶやきには耳を貸すな」ということではなく、「ひとつの出来事・状況にはマイナスのつぶやきがたくさん出てくる。しかし、プラスのつぶやきも数限りなく書き出すことができる」という、マイナスのつぶやきの存在を認めて受け入れていることです。
　つまり、**つぶやきは無限にあって、その中から自分で自由に選べる**ということです。

■心の着替えを持っていますか？

　おしゃれが上手な人は、ＴＰＯ（時と場所と機会）に合わせて身につけるものを選んでいる人です。それはけっして高価なものではなくても、本人も周囲の人も充分に楽しみ満足しています。
　私たちの心も似ています。プラス思考のできる人は「心の着替え」をたくさん持っている人です。
　そして、その時々の出来事や状況に合わせていちばんふさわしく、自分をやさしく包んでくれる、あるいは勇気づけてくれる「受け止め方（つぶやき）」に着替えることができる人です。

状況に合わせて心の着替えをしよう

出来事

- いい経験だ
- もうダメだ
- 事実として受け止めよう
- だれにも会いたくない

↓

- 飛躍するチャンスにしよう

状況に合わせてピッタリのつぶやきに着替えよう

Chapter 2

「心のつぶやき」は
どこからやって来たのか？

だれでも固定観念にしばられている

固定観念とは、無意識に持ち続けている凝り固まった考え

■あなたの固定観念は？

「あなたが現在持っている『固定観念』を書いてみてください」。
　このような疑問を投げかけて、それぞれの人が現在抱えている、「固定観念」を書き出してもらうことがあります。
　あなたも、以下の枠に書き出してみてください。

あなたが現在もっている「固定観念」を書き出してみよう

■ **あなたが書き出した「固定観念」は……**

いかがでしょうか？　書き出していただけましたか？
　さて、あなたには自分で気づいた範囲での、固定観念を書き出してもらいました。
　しかし、それらはじつは固定観念ではありません。
　なぜならば、書き出せるということは「**気づいている**」から固定観念ではないのです。
　固定観念とは「普段は意識せずに持ち続けている、凝り固まった考え」のことです。ですから、あなたはそれを「疑ったこと」もなければ「疑う余地」すら感じたことがなく、「あたりまえ」になっている考えです。つまりは、ほぼ無意識の中に沈殿している「つぶやき」のことです。

> ## 無意識のつぶやきに目を向けよう
>
> あたりまえを疑ってかかろう
> まずは気づくことからスタートです

■あたりまえを疑ってかかること

　無意識の「つぶやき」は、もちろんあなたを支えてくれているものもありますが、あなたを苦しめているものもあります。

　そして問題なのは、あなたを苦しめる「つぶやき」です。しかし、自分で気づいていないだけに、それは、あなたを落としこみ、悩みからなかなか解放してはくれません。

　なぜなら「**気づいていない**」から、奥深いところに沈殿しているこの「つぶやき」によってついつい「**受け止めかた**」がマイナスになり、**劣等感や憂鬱にはまりこんでしまう**わけです。

　では、どうすればいいのでしょう？　その第一歩は、まずその**あなたを苦しめる「つぶやき」に気づく**ところからがスタートです。

　つまり「あたりまえを疑ってかかる」ことで、固定観念にはじめて気づくことができ、少しずつでも修正していくことで打破することができるのです。「気づいてもいないもの」は、変えることなどできないわけです。

　まずは、次の節の自分で固定観念に気づくためのワークシートを使って、その「つぶやき」を意識に上げていきましょう。

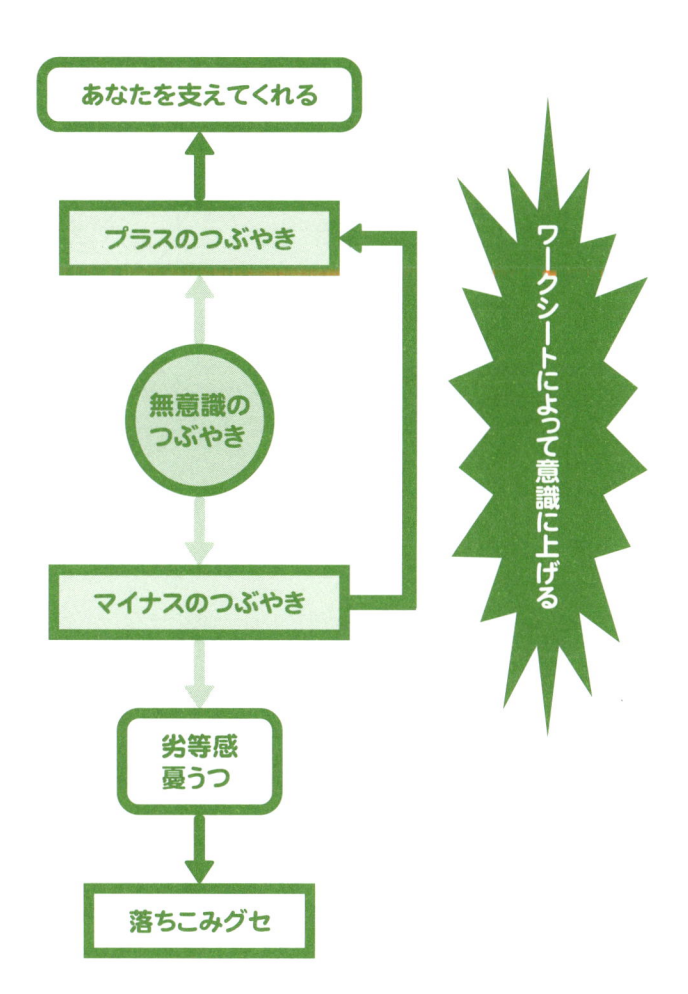

ワークシートによる落ちこみグセ解消法

```
    あなたを支えてくれる
          ↑
    プラスのつぶやき  ←──┐
          ↕              │
    無意識の             │  ワークシートによって意識に上げる
    つぶやき             │
          ↕              │
    マイナスのつぶやき ──┘
          ↓
     劣等感
     憂うつ
          ↓
    落ちこみグセ
```

> # 固定観念に気づくためのワークシート①
>
> **情報化「社会」のなかで、検討もせずに「あたりまえ」をつくっていた**

■ **社会の情報から与えられたつぶやき**

　私たちの思考は、日常の中で取りこんでいるさまざまな情報によって成り立っています。

　現代は情報化社会です。その中で生活する私たちは、流される大量の情報を取りこむことで「あたりまえ」というバランスを保っているのです。

　しかし、**ただ流される情報を検討もせずに取りこんでいくと、あなたにストレスをかけるような思いこみ（つぶやき）になる可能性があります。**

　次にあげるものの中で、あなたに当てはまるものはないでしょうか？　当てはまるものがあればチェックをしてみてください。

あなたが「あたりまえ」と思うものは？　チェックしてみよう

☐ 仕事はつらいものである
☐ 理想などかなうものではない
☐ 年をとるのはさみしいものだ
☐ 美人は得をする
☐ 婚約指輪は給料の3ヶ月分
☐ 家庭を持つと好きなことができなくなる
☐ セミ・リタイア生活はカッコイイ
☐ お金がないのはわびしいものだ
☐ 物騒な事件が多い今日、幼い子どもは親が守ってやらないといけない
☐ 学歴は高いほうがいい

chapter

2

次ページから
「あたりまえ」を検討してみよう。

■ 受け止め方を検討してみよう

　あなたが「あたりまえ」だと思うものにチェックをしていただきました。では実際、事実はどうなのでしょうか？
　あなたがあたりまえと思っている考え以外にも、次のような考えもあるのです。

☑　仕事はつらいものである

　どのような仕事についてもある程度の仕事をこなすためには知識を吸収し、技術を身につけ、経験を積み重ねる必要があります。
　そして経験を身につけたとしても予期せぬ事態をまねき、困惑したり、人間関係のトラブルからストレスをためたり、あるいはマンネリにはまりこんで意欲を落とすこともあります。
　しかしそれらをも乗り越えたときに、このうえない充実感を得るものです。つまり、**つらさを乗り越えてこそ充実感を得ることができる**と言い換えることもできるのです。

☑　理想などかなうものではない

　理想というのはその当人がいま現在、思い描いている「あるべき姿」です。そして「あるべき姿」は、事を進めていくうちに変化していくものでもあります。当初描いていた「理想＝あるべき姿」に到達しなければ、人生は挫折かというと決してそうではないはずです。
　もしそうだとすれば、子どもの頃に野球選手になるという理想を掲げていた人間は、ほとんどが人生台無しになっているはずです。このことは大人になっても同じではないでしょうか。
　かなう、かなわないという問題ではなく、一旦は思い描いた「ある

べき姿」ではありますが、後の環境や状況に応じて変化するものなのです。重要なことは、**その時々の理想を思い描き、近づこうとすること**です。

☑ 年をとるのはさみしいものだ

　日本人対象の**幸福度調査**では、20歳代前半がピークであるのに対して、**アメリカ合衆国では60歳代がピーク**だそうです。このことは日本人の意識が「人生、若いうちが花」に対して、アメリカ人は「老いてますます人生は豊になる」という思いこみが大きく影響しているのではないでしょうか。

☑ 美人は得をする

　一般的に美人と言われている人でも、不幸感を持ちながら生活している人は数多くいるはずです。たまたま美人で幸せそうな人を見て、「美人はやはり得だ」という一般化につながっているだけです。
　たしかに一般的に言う「美人」だと、異性からちやほやされる可能性は高いのかもしれません。しかしその分、好きでもない異性から言い寄られてわずらわしい思いをする可能性も高まるわけで、**「何が得か」の判断はむずかしい**のではないでしょうか。
　自分の持つ能力で勝負するか、性格で勝負するか、容姿で勝負するのか、いずれにしても自分の長所をうまく使える人は「あの人は得だ」と見られるはずです。

☑ 婚約指輪は給料の3ヶ月分

　これはコマーシャルの影響です。何の根拠もありません。
　婚約の際に互いに記念品を贈り合うという、どこかの国の習慣を輸

入したものです。ちなみにダイヤモンド・リングでなければならない、なんてこともナシ。

☑ 家庭を持つと好きなことができなくなる

　独身時代とまったく同じ振る舞いはできなくなるのは事実でしょう。しかし、このつぶやきを唱える人たちは、家庭を持つことで得られた数々のすばらしいことに焦点を当てずに、独身時代から比べて**変化したことの中の、マイナス点だけに焦点を当てている**人が言うセリフです。

　もちろん家族ができると「好き勝手な振る舞い」はできなくなります。しかし家庭を持つことで得られたすばらしいことを喜びながら、「いまの状況に合わせた好きなこと」はいくらでもできるはずです。

☑ セミ・リタイア生活はカッコイイ

　現在の仕事や生活に充実していない人はそう感じるのでしょう。世間からセミ・リタイア生活と言われるスタイルで生活している人は、フルタイム労働ではなく、限られた時間で最大限の効率を上げる労働をしている人です。それができるのは業種や職種によって可能である面もあれば、多大なる努力をしていることもあります。

　そして何よりも、成功事例ばかりが紹介されているのでカッコよく見えるのでしょう。**逆に命あるかぎり、現役で働き続けて活躍するのもカッコいいのではないでしょうか？**

☑ お金がないのはわびしいものだ

　お金はあるにこしたことはないでしょう。お金があると不幸を避けることができる確率は上がるそうです。

ただし、なければないでよいこともあるはずです。お金を使わずに楽しむ方法を工夫する。かえってそのほうが純粋な感動があります。お金を支払うことで与えられる感動は次第に鈍ってくるのに対して、自ら創造する感動には限界がないのです。

ちなみに**年収が 1500 万円を超えると、収入と幸福感との相関性はなくなる**そうです（大阪大学研究による）。

☑ **物騒な事件が多い今日、幼い子どもは親が守ってやらないといけない**

いつも親がつきっ切りで守ることは不可能です。それよりも**子どもが自分で身を守る強さと術を身につけるようにトレーニングする**ことのほうが重要ではないでしょうか。

ちなみに、幼児を襲う犯罪者は精神的に自立した（人の目を見てしっかりあいさつできる、など）子どもには手を出しにくいそうです。親がつねに守ろうとする家庭では、子どもの自立がかえって遅れる可能性があります。

☑ **学歴は高いほうがいい**

たしかに、学歴は高いほうが職業や結婚相手などの選択肢は増えます。しかしかえって選択肢が多すぎて迷い、自分がどのような職業に就きたいのか、どのような人と家庭を築いていきたいのかわからなくなる場合もあるようです。もちろん学歴が高いことでさまざまなメリットがあるのは事実です。

しかし、重要なことは**自分の職業や生き方など、人生のいろんな局面での方向を自らの意思で決断できること**ではないでしょうか。

固定観念に気づくためのワークシート②

いままでの「経験」の中で、検討もせずに
「あたりまえ」をつくっていたのです

■経験から決めつけているつぶやき

　私たちは自分の経験から、物事を判断することが多いものです。
　しかしあなたが何回かの経験をしたことが、果たしてすべてでしょうか？
　1回や2回の経験だけで、「これはこういうものだ」と決めつけて「心のつぶやき」にしてしまっていることがあります。
　次にあげるものの中で、あなたに当てはまるものはないでしょうか？　当てはまるものがあればチェックをしてみてください。

あなたが「あたりまえ」と思うものは？ チェックしてみよう

☐ 他人は自分を裏切るものだ
☐ 自分は異性から好かれない
☐ あの上司は話を聴かない
☐ 自分はいじめられるタイプだ
☐ 人前に立って話すのは自分には向いていない
☐ 今度の試合も一回戦で負けてしまうだろう
☐ 会社に改善提案を上げても、どうせ無駄だ
☐ どうせ妻（夫）は協力してくれない
☐ また話し合っても口論になる
☐ 自分は運が悪い

chapter 2

■**受け止め方を検討してみよう**

　あなたが「あたりまえ」だと思うものにチェックをしていただきました。では実際、事実はどうなのでしょうか？　あなたがあたりまえと思っている考え以外にも、次のような考えもあるのです。

☑　他人は自分を裏切るものだ

「裏切る」というのは**事実ではなく、その人の受け取り方を表現して**いるものです。
　相手の環境や何らかの状況の変化により、あなたにそれを説明せずに離れていったというのが事実かもしれません。あるいはあなたとの関係に見切りをつけ、そのことを告げずに去っていったという解釈もできます。

「裏切った」という言葉で相手を非難したくなる気持ちも理解できますが、人間は真正面から向き合い、話し合う強さを持てないときもあります。そしてあなたにも、相手が正面から向き合えない原因をつくった可能性もないとはいえません。

次回からは互いの変化を見つめながら、できればよい関係を維持していこうとする方向に向けたほうが、建設的ではないでしょうか。

☑ 自分は異性から好かれない

あなたがいままで、どれだけの経験をしてきたかわかりませんが、現実には、「いま現在までは、異性とここちよいお付き合いをしていない」ということになるのでしょう。つまり**過去の出来事であって、これから先もそれが続くとは限りません**。「自分は異性から好かれない」というつぶやきには、未来をも含まれているので注意しなくてはなりません。

しかし、あなたがファッションやスタイルなど投資をともなってでも磨きをかけ、いままでの自分とは変化することで、未来を変えることができるかもしれません。

そして「異性」に対して意識しすぎていたのを、よい時間が共に過ごせる、信頼できる「関係」を求める意識になることで、いままでとは違うタイプの人と出会うかもしれません。「どうせ私は〜」というつぶやきを手放すことからがスタートです。

☑ あの上司は話を聴かない

たしかに話を聴かない上司は多いものです。しかし、いままでのパターンではあなたの話を聴かなかったかもしれませんが、**「話を聴かせる」こともできる**のです。

何の前触れもなく「ちょっとよろしいでしょうか」と話に入ってい

くと、相手（上司）だって都合（精神的なものも含めて）があったり、あなたの話の内容によっては身構えたりするのかもしれません。そうすると人間は話を最後まで聴けず、中断したくなるものです。

しかし、「話を聴かせる人」であれば、「お忙しいとは思いますが、お時間をいただけますでしょうか」と、最初に必ず相手の都合をたずねて了解をとります。

そして、「報告と相談があるのですが、お聴きいただけるとたいへん助かります」と、自分が話を聴いてほしい旨を伝えます。そして、了解がもらえたら、「できるだけ短時間で伝えようと思いますのでよろしくお願いいたします」と長時間を相手にとらせないよう配慮するとともに、安心感を与えてから話を始めます。

「話を聴かない人」には、「話を聴かせる工夫」をすればいいのです。

☑ 自分はイジメられるタイプだ

学校でも会社の中でも、不条理なイジメは後を絶ちません。人間は自分がうまくいっていないときには、自分が優位に立てる対象を見つけて、憂さ晴らしをしたくなるようです。その中にはイジメも含まれるようです。

そしてイジメをする人は、自分ひとりでやるには不安や罪悪感を強く感じるので仲間を集うようになります。

もしあなたがイジメられた経験があるのなら、それは**あなたのせいではありません**。イジメる人が子どもじみた憂さ晴らしをしているだけです。普通は大人になれば、そのようなやり方で自分の憂さ晴らしをしないようになるものですが、現実は未熟な大人もたくさんいます。あなたが努力してよい仕事をしているにもかかわらず、イジメる人がいるとしたら、職場や会社を変えてしまうのも選択肢のひとつとして考えられます。よい人間関係づくりに努力している、よい会社もあるものです。

☑ 人前に立って話すのは自分には向いていない

　人前で話すときには、どんな人でも緊張するものです。私のように毎日人前で話す仕事をしている人間でも、やはり緊張します。
　最初はあがって頭の中が真っ白になったり、手や足が震えたりと、うまく話せる人はいないのではないでしょうか？
　しかし、**場数を踏むとそれだけ慣れてきます**。人前で堂々と話せる人は、人並み以上の場数を踏んできた人です。私から見て、「この人は人前で話すのに向いているなあ」と思う人がいますが、聴いてみるとやはり必ず経験が豊富なのです。
「向いていない」というのはたいがい**能力の問題ではなく、いまのところ経験が少ないため、まだコツが掴めていない状態**です。

☑ 今度の試合も一回戦で負けてしまうだろう

　負けてしまったときのショックや悔しさは、スポーツをする人であればだれでも共感するはずです。しかもそれが初戦であれば、受け入れたくないほどの惨めさを感じることでしょう。
　そしてその惨めさを味わいたくないがゆえに、試合に出るのを止めてしまう人もいます。そうすれば少なくとも、あのような惨めな思いをしなくてすみます。
　しかしそのことは同時に、喜びも失うことになります。スポーツにおいて競い合って勝利するというのは、格別の喜びがあるものです。もしかすると勝てなくても、自分より実力のある相手と対戦し、充分に自分の力を出せたなら、たとえ負けたとしても悔やむことはないかもしれません。
「今度も一回戦で負けてしまうだろう」というつぶやきは、勝負にこだわりすぎて、自分の力を出せずに後で惨めな、悔しい思いをしたく

ないという思いから出ているのではないでしょうか？

　それよりも、「**負けたとしても自分の力を出し切って、試合自体を楽しもう**」というつぶやきに変えることによって、恐怖はなくなりますし、かえっていいゲームができて、勝つ可能性も高まるものです。

☑　会社に提案を上げても、どうせムダだ

　だいたいは2度ほど提案を上げて却下されると、このようなつぶやきが心にわいてきます。

　しかし**3度目以降は、また新たな可能性があるはず**です。あなたが提出して却下された2度の提案は、取り上げるには難しいところがあったのでしょう。それは内容面なのか金銭面なのか、あるいは人的なものなのかのいずれかです。却下せざるを得なかった理由が必ずあるはずです。

　自分の提案を通す人は、失敗の後に必ず原因究明をする人です。それを次回以降の提案に反映させ、採用に近づけていくことを怠りません。不採用の理由を考え改善することなく、だれかの、何かのせいにはしません。

　回を重ねるごとに、たとえ不採用に終わったとしてもあなたの熱意は伝わります。その熱意も、採用になる可能性を高めるたいせつな要素になります。

☑　どうせ妻（夫）は協力してくれない

　「どうせ協力してくれない」という場合は、たいてい**相手とのコミュニケーションがとれていない**ケースです。あなたが望む協力は、相手はそれを100パーセントは満たすことができないものかもしれません。それを見て「協力してくれない」というのは飛躍しすぎているような気がします。

80パーセントかなえてくれても、極端には10パーセント満たしてくれても協力してくれたわけです。欠けている部分を見て、減点法で考えると、満たされない思いばかりがわいてきます。

しかし、加点法で見つめると違う景色に見えるはずです。そして、「○○してもらえると助かるなあ」と具体的な事柄で協力を求めると、相手もわかりやすく協力しやすいものです。

そして相手にできない理由があれば、「いま○○の状態だから、ちょっと無理だなあ。ごめんね」というコミュニケーションがとれるようになってきます。

つまり、「協力してもらえるコミュニケーションがとれていなかった」のかもしれません。

☑ あの人と話し合っても、また口論になる

口論になる場合と言うのは、一方を、あるいは互いに**脅かすような言動をとったとき**です。弱点や欠点、触れられたくないところを相手から突付かれると、保身のために食って掛かるわけです。

「弱い犬ほどよくほえる」または「攻撃こそが最大の防御なり」ということです。

相手をよく観察していると、突くと反応するところが見えてくるはずです。いままでは「その相手の弱点」を意識もせずに、突くことを繰り返していただけなのかもしれません。

相手のよいところを認めようともせずに、弱点や欠点を突くのであれば、だれだって「売り言葉に買い言葉」となるはずです。それはその人との関係だけではなく、あなたの人間関係やコミュニケーションを見なおすよい機会なのかもしれません。

☑ **自分は運が悪い**

　人育ての達人と言われた、故・**松下幸之助さん**の言葉に次のようなものがあります。

「運のいい人は、自分は運がいいと思っとる人や。運の悪い人は、自分は運が悪いと思っとる人や」

　まさしくそのとおりかもしれません。逆境が人を追いつめる場合もありますが、同時に得るものが最も多い機会でもあります。逆境が自分に訪れるということは、いままでのやり方や状態ではいけないのだという警告のようなものです。

　そしてそのことに気づいて学び、軌道修正する人は成長する人ですし能力も高まります。その結果当然、運がよいと言われる結果を招きやすくなります。

　一方、逆境を人のせいにしたり、環境のせいにしたりする人は、いつまでたっても愚痴るばかりでよい話しをもたらしてくれる人も現れません。

　まさに「運がいいと思っている人」は、逆境をも自分にとってのプラスに変えていくつぶやきの人でしょう。

「運が悪い」というのは事実ではなく、その人の受け止め方の世界です。

> ## 固定観念に気づくためのワークシート③
>
> あなたの中の「絶対」の思いこみが
> 「あたりまえ」をつくっていたのです

■完璧思考からのつぶやき

　私たちの日常には予期せぬこと、不都合なこと、不利益なことがたくさん起こります。このときに、私たちはそのことを受け入れられずに、落ちこんだり悩んだりします。

　ですから、できることなら予期していること、都合のよいこと、利益になることばかりが起こってほしいものです。その願望はだれでも持つことでしょう。ただし、それはあくまでも願望であって、絶対ではありません。

　しかし、いつのまにかそれが絶対的な思いこみになって、「心のつぶやき」になっていることがあります。

　そうすると、その絶対からはみ出すものが起こると拒絶反応を起こして落ちこみ悩みます。

　次にあげるものの中で、あなたに当てはまるものはないでしょうか？　当てはまるものがあればチェックをしてみてください。

> あなたが「あたりまえ」と思うものは？　チェックしてみよう
>
> □ 上司は尊敬できる人でなければならない
> □ 家族は一体感（打てば響くような関係）を持つべきである
> □ 遊園地は晴れの日でないと楽しめない
> □ 常に顧客の期待には応えなくてはならない
> □ 他人の心を傷つけてはならない
> □ 他人から好かれなければならない
> □ みっともないところを他人に見せるべきではない
> □ 常に前向きであるべきだ
> □ 部下や後輩は自分の指示に従うべきだ
> □ ストレスなく過ごすべきだ

■受け止め方を検討してみよう

　あなたが「あたりまえ」だと思うものにチェックをしていただきました。では実際、事実はどうなのでしょうか？
　あなたがあたりまえと思っている考え以外にも、次のような考えもあるのです。

☑　**上司は尊敬できる人でなければならない**

　もちろん尊敬できる人物であるには、こしたことはないでしょう。しかし、たとえ上司が尊敬できない人物であっても、**あなたを妨害しないかぎり、仕事をすることはできる**はずです。
　また世の中には、尊敬できない上司のもとで働いている人のほうが多いかもしれません。そして「尊敬されるためには」というテーマを

嫌でも考えるでしょう。それを自分に当てはめれば、反面教師としてでも確実に役に立つはずです。
「尊敬できない上司のもとでは、仕事なんかまともにできるわけがない」と言うのであれば、現在のうまくいっていない状態を自分以外の何かのせいにしている可能性があります。事実、上司をうまく使って仕事をすすめている人もいるのです。

☑ 家族は一体感（打てば響くような関係）を持つべきである

　家族の関係は「打てば響く、阿吽の呼吸」になりたいという人たちがいます。しかし、現実にはそのような家族はないのかもしれません。「家族は同じでなければならない」という完全思考が強ければ、自分と相手の違いを受け入れられず、イラだちやすくなります。しかしながら、夫と妻はもともと別の家庭で育ち、個々の文化を持つまったく違う存在です。
　そして親子であっても、特に思春期以降においては、子どもは親と違う考え方や生き方に惹かれ、将来の自分を模索し始めます。じつは**家族であっても、それぞれはまったく違うものをたくさん持ち合わせている互い**なのです。
　「違って当然。違いも含めて尊重し、互いを支え合っていく存在が家族である」という視点に立てば、コミュニケーションもより円滑に、しかも深くなるのではないでしょうか。

☑ 遊園地は晴れの日でないと楽しめない

　遊園地などへ出かける予定にしていて、残念ではありますが**雨が降ることだってあります**。
　そのようなときに落ちこんだり、不機嫌になったりする人たちはこの完全思考のつぶやきを持っています。

「なぜ今日に限って雨が降らなくてはいけないんだ。台無しじゃないか」というつぶやきが、その後に続くからです。

しかし、自分たちが遊園地に行くからといって、絶対に晴れないといけないというのは独善的な望みで、かなえられる可能性はせいぜい50パーセントぐらいのはずです。このような独善的願望を持つ人はイラだちやすくなります。

それに対して、「ぜひ晴れてほしかったけれど、雨が降ることだってある。では雨天の今日はどうやって楽しもうか」というつぶやきの人は、「〜にこしたことはないけれど、絶対ではない」という、適切な希望を持つ人です。だから、その希望がかなえられなくても、違うつぶやきを見つけられる人なのです。

このときにたいせつなことは、「雨が降って残念だ」という気持ちも受け入れることです。そのうえで違うつぶやきを新たに加えていくことです。

☑ 常に顧客の期待には応えなくてはならない

仕事をするからには、顧客の期待にはぜひ応えたいものです。しかし残念ながらそうならない、そうできないことだってあるはずです。「常に期待に応えなければならない」という絶対的思考だと、**常に恐れが先に立って緊張状態が続きます。**

そして、もし期待通りにならなかったときに、自己嫌悪や非難される恐怖によって仕事や顧客に冷静に向き合うことができなくなります。「期待に応えるべく、常にベストをつくそう。しかし予期せぬ事態が起こることもあるし、また自分の能力から完全に期待に沿うこともできないことだってある。そのときには顧客に正直に向き合い、直ちに善後策について話し合い完成に近づけよう」

このような絶対的思考以外のつぶやきを持っている人は、リラックスしてよい結果を生みやすいものです。

☑ 他人の心を傷つけてはならない

　もちろん、傷つけないにこしたことはありません。だれだって傷つくのはつらいものです。また、あなただって傷つきたくはないから、「他人の心を傷つけてはならない」と考えるのでしょう。
　しかし現実には、どのようなことで傷つくのかは、人それぞれ違うものです。あなたがそのつもりがなくても、相手が傷ついていることがあります。その逆にあなたが傷つくことだってあるでしょう。つまり、他人の心を知り尽くすことなどできないわけです。
　他人の心を傷つけないように配慮はしながらも、傷つけてしまったときには素直に話し合えばいいわけです。そうすることで、いままでよりも相互理解が深まります。
　親密になるためにはトラブルを避けて通ることはできません。しかし、それでも相手が去っていくとしたなら、それは、いまはあなたと相手は縁がないのでしょう。
　私たちは、「どんな人ともうまくやっていく」というのも無理なのかもしれません。

☑ 他人から好かれなければならない

　好かれるにこしたことはないでしょう。好かれるほうがよい気分でいることができるし、ものごともスムーズに進みます。
　しかし、「だれからも好かれなければならない」というのは絶対的思考で無理があります。現実には**さしたる理由もなく、嫌われてしまうことだってある**のです。
　嫌われることの恐れを過剰に意識していると、言いたいことやりたいことができなくなってしまいます。
　「好かれるにこしたことはないけれど、残念ながら嫌われることだっ

てありえる」と、ここでもベストは尽くしながらも、あとは自分以外のものにゆだねていくしかありません。

また、目の前の反論のみ意識し、批判されることばかりを恐れている人がいますが、実際には後ろを振り返ると応援してくれて後押ししてくれる人だっているものです。

☑ みっともないところを他人に見せるべきではない

まず、「みっともない」ということ自体を整理してみたほうがよいでしょう。なぜならば自分が「みっともない」と思っていることが、他人からすると「みっともなくない」ことが多いものだからです。

たとえば自分に非があり、それを認めることや素直に謝ることが「みっともない」ことだと感じている人がいますが、現実は逆のほうが多いでしょう。

親や先生、上司などの立場の人が、自分の非を認め素直に謝ることで子どもや部下はかえって親しみを持ち、その素直さゆえに信頼し、謝る勇気を評価し、尊敬することになります。

逆に「みっともないところはみせるべきではない」として、自分の非をはぐらかし、他人を押さえつけてコントロールしようとする人ほど「みっともないこと」をしているのかもしれません。

☑ 常に前向きであるべきだ

常に前向きでありたいものです。いつもポジティブで、エネルギッシュで、イキイキとしたいものです。しかし現実には、私たちはさまざまな人や環境の中で互いに呼応しながら生きています。

ですから、あなたが**常に前向きでいようとしても、あなた個人の意識や力ではどうしようもないことだってあるはず**です。その中では意欲をなくし、落ちこみ悩み、後ろ向きになることも、当然あってもい

いわけです。それが自然な姿とも言えましょう。

しかし、やがてはさまざまな人間関係や環境も変化して、自然に前向きな姿勢と考えを持つことができるようになります。

また、落ちこんでいるときほど、いままでになかったつぶやきを見つけて心の中に足すことができるものです。

☑ 部下や後輩は自分の指示に従うべきだ

この強迫観念を持っている人は、リーダーシップをとるうえでストレスをためやすい人でしょう。逆に、「部下や後輩はそれぞれの立場で意見を持っている。それは自分とは違うこともある」というつぶやきを持っている人は、反論があってもそれを脅威とは感じないでしょう。そのような人は人間信頼をベースとして、よく話し合い協力を得ながら仕事をすすめていきます。

しかし部下や後輩との信頼が築けていない人は、立場から得られる力で制圧しようとしますから反論を許しません。自分の考えや指示に従わない人間が出てくると脅威を感じ、さらに制圧しようとしますからますます信頼されなくなっていきます。

「部下や後輩、子どもは自分とは違う考えを持つものだ」というつぶやきは、かえってコミュニケーションを増やすきっかけにもなります。

☑ ストレスなく過ごすべきだ

「ストレス」というと、まるで悪いことばかりかのように考えられがちですが、私たち人間は、**ストレスがないと生きていけない存在でもある**のです。

うまくいかない状況をなんとか乗り越えたときに、達成感や充実感、そして喜びがあります。そのことがまさしく「自分は生きている」という感覚につながります。

逆に、ほどほどよいことばかり続くと人間はある意味で退屈してしまい、これがまた悩みへと変わっていきます。それは「生きている」という感覚が麻痺してしまうからです。
　そして「ストレスがたまっているなぁ」と感じたときには、**仕事や生活がワンパターンでマンネリになっている**ことがあります。
　そのようなときこそ、いまのやり方や状況を整理してみる機会でもあります。
　「ストレスとうまくつき合っていこう」というつぶやきの人は、ストレスをためこむことはありません。

「何でもアリ」が心を強くする

「あたりまえ」のつぶやきは、
単なる選択肢のひとつにすぎない

■選択肢は多数あります

　社会（情報）・経験・完全思考から、私たちは無数の「つぶやき」を受け取っています。しかしそれらは**「絶対的」**なものではなく、**単なる選択肢**にしか過ぎません。
　「ひとつの出来事」に「つぶやき」はひとつだけしかないのではありません。たったひとつの出来事にも、つぶやきは無数にあってもよいのです。事実、無数にあるはずです。
　「雨が降っている」という出来事にも無数のつぶやき（受け止め方）があって、ほんとうは自由に選べるものです。しかし雨が降っていて終始不快な思いをしている人は、無数にあるつぶやきに中から、マイナスのつぶやきだけを選んで胸に刻みこんでいる人なのです。
　たしかに、その人にとっては雨が降ってほしくはなかったのでしょう。しかし、実際には私たちが思っているように世の中はまわってはくれません。予期せぬこと、不都合なことがたくさん起こるものです。
　それはそれとして受け入れていくしかないのです。「雨が降ってほしくはなかったけれど、降ってしまったものはしかたがない」と心の中でつぶやくことで、違う選択肢が見えてくるはずです。

ひとつの出来事には無数の選択肢がある

- 水はマイナスイオンを発生させる
- 髪がはねる
- 野菜がよく育つ
- 最悪
- なんでツイてない
- 髪がぬれる
- うっとおしい
- レイングッズを買っておしゃれをしよう
- 雨音っておちつく
- もの悲しい

＝

**ひとつの出来事に
つぶやきは多数ある**

chapter 2

■雨の日のディズニーランド

　家族4人でディズニーランドに行ったときのことです。関西在住のわが家の場合、関西から飛行機に乗って一泊するとなると、それなりの覚悟（出費、労力など）は必要です。子どもたちも楽しみにしていたのですが、その日に限って雨空の一日でした。
　ゲートが開くのを、レインコートを着て4人で待っているときは、正直ガッカリ感がありました。
　やがてゲートが開いて閉館の時間まですごしたのですが、帰るときにはまったくガッカリ感は失せ、逆に**「雨でよかった」とさえ思えた**のです。ディズニーランドと言えばアトラクションのほかに、一日に数回実施されるパレードが楽しいものです。
　私たち家族は知らなかったのですが、雨の日のパレードは「雨の日でしか見られないパレード」があるのです（天候にもよるようですが）。ディズニーキャラクターやキャストのメンバーが、とってもオシャレなレインコートや傘で踊って盛り上げてくれます。
　私は知りませんでした。ミッキーマウスがレインコートを持っていたとは！　その華やかさとかわいらしさに、私たち家族は大満足しました。その日ディズニーランドをあとにするときには、「雨の日に来れてよかった」と思えたほどです。
　そして関西の自宅に帰ってから妻と「今回はディズニーランドからいいことを教えてもらったね」という会話になったのです。
　私たちは知らぬ間に心の中で、
「雨が降ったら楽しめない」
「せっかく遠くから来たのにどうして晴れないのだろう」
「テーマパークや遊園地ときたらやっぱり天気がよくなくちゃ」
「ガッカリだ」
「最低だ」

……というつぶやきがあったのでしょう。

しかし今回の経験から、**「雨なら雨の日の楽しみ方がある」**そして**「楽しむための工夫はいくらでもできる」**ということを教わりました。

それ以降、わが家は遊園地やテーマパーク、キャンプに出かけるときに雨空でも、ちっともガッカリしなくなりました。

そうです。ほんとうは「何でもアリ」なのです。

幸せな人は、幸せを「選んだ」人

幸せな人は無数の解釈の中から、
「幸せなもの」を選んだ人

■ あなたはどのつぶやきを選びますか？

　出来事や状況に対する「つぶやき（受け止め方）」は無数にあって、どれでも自由に選べます。
　いまから数年前のことですが、日本有数のサーキット、全スタッフを対象とした講演会の依頼を受け、栃木県までうかがったことがあります。そのサーキットは宇都宮駅からタクシーで1時間半ほどの距離にあります。
　駅に到着し、すぐにタクシーに乗りこみ行く先を運転手に告げました。「あいよ！」という威勢のいい返事が返ってきたので、ふと乗務員カードに目をやると70歳代ぐらいのベテランの運転手さんでした。
　車が駅から出発してしばらくすると、私の額には汗がにじんできました。そのときは8月の初旬、ニュースではこの夏いちばんの暑さになるとの予報でしたが、なんとタクシーの車内にはエアコンが効いておらず、窓が半分ずつ開いているだけでした。
　おそらく年配の運転手さんなので、一日中エアコンの効いている車内で仕事をしていると体調が悪くなるのかもしれないと考え、がまんしていました。しかし、あまりにも汗が流れてくるようになり、エアコンを入れてもらえるように申し出ようと思ったそのとき、運転手さんに先に話しかけられました。
　「いやー、お客さん。夏のこの盛りに、汗をかいて暑さを感じられる

のは豊かなもんですなー」

その私の中にはなかった「つぶやき」に驚きながらも、思わずその言葉を繰り返してしまいました。
「いやー、ほんとに豊かなものですねー」
そのときに、私の中のつぶやきが変わったのを感じました。
それまでは汗をかいて不快を感じていたのですが、
「気持ちよく講演会場には向かうべきだ」、「タクシーの中では涼しく快適であるべきだ」、「お客であるからにはエアコンを効かせてもらうのがあたりまえだ」、「汗でシャツが濡れてはいけない」……などなど、不快を感じるつぶやきが私の中にあったのでしょう。
しかし運転手さんの言葉を繰り返してからは、
「そうか、それもいいな」
「季節を楽しむのもひとつだ」
「シャツならかばんの中に着替えがたくさん入っている」
「講演前に着替えて、パリッとして出ていったほうが気持ちがいいかもしれないな」
「何よりも、いまこの時間を楽しんでみよう」
という、つぶやきが心の中に出てきたのです。
そして運転手さんにそのことを話すと、ずいぶん喜んでもらえて、そのあともさまざまな話題で話は盛り上がりました。
さすがに人生の大先輩で、運転手さんはいろいろな体験があったそうです。その中でも思い出になっていることは、突然の予期せぬこと、逆境などだそうです。
その話の終わりには、「人生いろいろある。でも**出来事や逆境が人を不幸に陥れるのではなく、それをどうとらえ、次に生かしていくのか**ということだ」という結論で意気投合したのです。
そうなのでしょう。「幸せな人は、人生の出来事に対する無数の解釈の中から、幸せなものを選んだ人」です。

幸せな人は「幸せなもの」を選んでいる

無数の解釈

↓

幸せなものを選びだす

Chapter 3

心に刷りこまれたメッセージが
人生をつくっている

> # あなたの思考パターンをチェックしよう
>
> **自分・他人に対しての基本構えが
> 理屈より深いつぶやきになる**

■自分・他人への基本的な構え

あなたは自分自身に対して、あるいは周囲の人に対して、どのような思いを持っているのでしょうか。

次にあげる4つのパターンは「基本的な構え」といって、自分自身と他人に対する思いです。大まかでいいので、あなたがどのパターンにあてはまるかを見つめてみてください。

■4つの思考パターン

☐　①私はOKでない。他人はOKである

これは劣等感に悩んだり、憂うつになったりしやすい人が取る構えです。

この構えを取る人は、**自己卑下の気持ちや消極的な態度**のために、自分をOKであると自認する人たちと共にいることが苦痛になり、なかなか親密な関係を結ぶことができません。そこで、親しくなるのを回避して孤立し、憂うつになったり後悔したりすることが少なくありません。

他の行動パターンとしては、他人の中に不快な感情（例：イライラ、

怒り）を挑発することによって、自分が OK でないことを相手に確認させることがあります。**「憎まれっ子」的な存在**がこの例です。

　また、このほかに自分の安心感を求める手段として、権威的で支配的な人を求めて生きる人もあります。頼りになる人を見つけるや、その人の指示通りに動き、終始従順な態度で忠誠を尽くすものです。

☐ **②私は OK である。他人は OK でない**

　これは支配的で疑い深い人が取る構えです。
　この構えの著しい特色は、**自分の肌に合わぬものを排除しようとする傾向**です。長い間つき合った友人でも、自分に親身に尽くしてくれた部下でも、自分の利益に役立たないと見るや、平気で捨てる冷たいところがあります。
　子どもや友人や部下たちは、すべて自分の思うように動くはずだという、全能者のような考えを持っているからです。また、相手が OK でないとみなして、押しつけがましい援助の手を差しのべる人もあります。
　日常生活では、自分の子どもや妻（または夫）を無知だとあざ笑ったり、親密な間柄の客や同僚の欠点をことさら取り上げたりする人に、この構えが見られます。自分の内部を見ることを拒否し、**都合の悪いことが起こるとすぐに相手のせいにしたり、責任をよそに転嫁したりする傾向**があります。

☐ **③私は OK でない。他人も OK でない**

　これは、「人生は無価値なもので何もよいことがない」と感じる絶望的・虚無的な構えです。
　この構えを取る人は、**他人が与えようとする愛情や注目を拒否し、自分のカラに閉じこもって、他人と交流するのをやめてしまいます。**

人生のごく早期に親子の間で形成されるべき基本的な信頼感に、大きな欠陥ができてしまったために、その影響が後の人生にまで尾を引いており、根深い不信感や空虚感としてあらわれたり、よい人間関係を破壊したりするのです。

　この構えを取る人の中には、愛を求める欲求がとくに強いために、**相手が自分を引き続き愛してくれているかどうかを、いつも確かめておかないと安心していられない人**がおります。しかし、まだ正しく人を愛するすべを身につけていないので、かえって相手の拒絶を招くようなことばかりしてしまうのです。

□　④私はOKである。他人もOKである

　この構えで生きる人は、人間どうしとしての共感に支えられた、血の通った交流を行うことができます。

　この理想的な構えに基づく人間関係は、**親密で直接的で、互いに相手に対して純粋な配慮をおこなう関係**と言えましょう。利己的な考えに基づいて、自分の利益のために他人を支配したり利用したりするような人間関係ではありません。また、見せかけの仮面を維持するために、多大のエネルギーを費やして演出するようなこともありません。

　しかし、実際問題として、私たちは、親たちから理想的な愛情としつけを受けて、この構えを身につけて成人することは、むしろ稀と言ってもいいでしょう。したがって、これは個人がさまざまな方法で自己を訓練することによって、よりよく、より早く勝ち取ることができる性質のものなのです。

自分・他人への基本的な構え

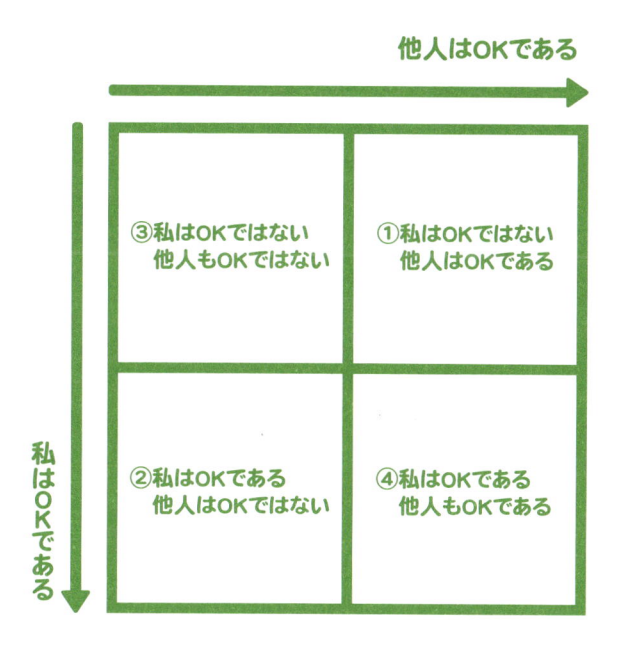

他人はOKである →

私はOKである ↓

	他人はOKではない	他人はOKである
私はOKではない	③私はOKではない 他人もOKではない	①私はOKではない 他人はOKである
私はOKである	②私はOKである 他人はOKではない	④私はOKである 他人もOKである

　いかがでしたか？　あなたがなぜか前向きになれずに落ちこんだり、悩んだり、あるいは身近な人との関係がうまくいかないのは、①～③のような構えが知らず知らずのうちに、そうさせているのかもしれません。あなたは理屈では「前向きになろう」「自信を持って強くいよう」とは思っていても、理屈よりも深いつぶやきがこのようにあるのかもしれません。

人生の脚本があなたをつくっている

2種類の「つぶやき」があなたの人生をつくっている

■ 2種類のつぶやきがあります

　先ほどは4つの基本的な構えを紹介しました。しかし、これらあなたの基本的な構えは、もちろん生まれたときから備わっていたわけではありません。人間は誕生してから周囲の人たちにたくさん関わってもらうことで、体も心も成長します。
　そして、その関わりの中にはあなた自身の栄養になるものもたくさんありますし、残念ながら苦しめてしまう「つぶやき」になってしまうものもあります。
　あなたの栄養になるものとしては、さまざまな関わりをつうじて次のようなことを与えてくれます。

OKである

　安心感がある。愛されている。いい人間だ。生きている価値がある。正しい。強い。楽しい。美しい。できる。役に立つ。優れている。やればうまくいく。自己を表現しているなど。

　逆にあなたを苦しめる「つぶやき」になるものもやはり、さまざまな関わりをつうじて次のようなことを与えています。
　これらのメッセージは私たちの毎日の生活の中で、取り囲んでくれている周囲の人たちとの関わりで受け取っているものです。

OKでない

安心できない。愛されるに値しない。みにくい。弱い。子どもっぽい。無知である。意地が悪い。できない。バカである。のろまである。失敗する。何をやってもダメ。劣る。自己を表現していないなど。

2種類のつぶやき

OKである	OKでない
安心感がある	安心できない
愛されている	愛されるに値しない
いい人間だ	みにくい
生きている価値がある	弱い
正しい	子どもっぽい
強い	無知である
楽しい	意地が悪い
美しい	できない
できる	バカである
役に立つ	のろまである
優れている	失敗する
やればうまくいく	何をやってもダメ
自己を表現している	劣る
…	自己を表現していない
	…

つまりあなたの自分に対する思いや、他人に対する思いは、このような関わりの歴史、つまり「人生の脚本」によって築き上げられてきたものです。

> # 与えられた禁止令を守っていませんか？
>
> 親から与えられた禁止令は
> 人生の脚本に大きな影響を与えている

■親から与えられたつぶやき

「三つ子の魂、百まで」という言葉があります。その信憑性はさておき、あなたの人生脚本に大きな影響をしてきた人には、まず養育者（お父さん・お母さん）があげられます。あなたにいちばん早く出会い、いちばんたくさんの時間を過ごしてきた人だからです。

その関わりの中で、あたたかいメッセージをたくさん受け取っています。無条件でやさしく抱きしめられ続け、

「I Love You, Because You Are You」

つまり、「**あなたのことが大好き、愛しているよ。なぜならば、あなたがあなた自身だからだよ**」

というメッセージをたくさん受け取ることで、「私は OK である」のシナリオの源になり、同時にそのように愛情深く接してくれる両親を代表として「他人も OK である」につながっていきます。

しかし、そのような理想的な関わりばかりではありません。親が未熟だったり、生活や気持ちにゆとりがなかったりして、つい感情的になり、子どもに必要以上の厳しいしつけや冷たい関わりをしていることも多いものです。

そのような、後に**あなたを苦しめるつぶやきの源になるものを「禁止令**」と呼んでいます。

親から与えられる禁止令

あなたを苦しめる源は「禁止令」

- うるさい
- 邪魔
- ブサイクねえ
- さっさとしなさい
- できっこないよ
- 勝手にやりな
- 言うとおりにしなさい
- 無視
- いい気になるな
- 暗いねえ
- 弱い
  ⋮

↓

あなたのマイナスのつぶやき

■あなたを苦しめる10の禁止令

つぎに10の禁止令をあげました。あなたの脚本において思い当たるものがあればチェックしてみてください。

> 以下の禁止令で思い当たるものにチェックしてみよう
>
> □　①私は邪魔だ
> 「あっちへ行ってなさい」「口出しをするな」「うるさい」「邪魔なのよ」という言葉や態度によって受けるつぶやき。
>
> □　②私は男性として（女性として）愛されない
> 「ブサイクねえ」「○○ちゃんはかわいいのに」「美人だったら特なのに」「結局美男子しかモテないのよ」という言葉や態度によって受けるつぶやき。
>
> □　③私はグズだ
> 「のろいねえ」「さっさとしなさい」「どうして早くできないんだ」という言葉や態度によって受けるつぶやき。
>
> □　④私はうまくやれない
> 「何をやらせてもダメだなあ」「ムリムリ」「できっこないよ」という言葉や態度によって受けるつぶやき。
>
> □　⑤私はひとりではできない
> 「お母さんがしてあげるから」「勝手にやるな」「大丈夫なの？」という言葉や態度によって受けるつぶやき。

☐　⑥私は好きなことをしてはいけない

「相談してからにしなさい」「そんなに甘いもんじゃないよ」「よく考えなさい」「言うとおりにしていればいいのよ」という言葉や態度によって受けるつぶやき。

☐　⑦私はそんなにたいせつな存在ではない

　無視する、話しかけない、スキンシップがないなどの態度によって受けるつぶやき。

☐　⑧私は生活を明るく楽しんではいけない

　冗談や笑顔が少ない家庭。「いいことばかりじゃないぞ」「いい気になるな」という言葉や態度によって受けるつぶやき。

☐　⑨他人のことを信用してはいけない

　親戚や知人など、身近な人の悪口や陰口をよく言う。本人の前では全く違う態度をとる。

☐　⑩私は元気ではない

「あなたは弱いんだから」「暗いねえ」「どうしてもっと元気にふるまえないんだろうね」という言葉や態度によって受けるつぶやき。

> ## 愛されたいから期待に応えてきた
>
> 禁止令であっても、生きていくためには
> 　　　　　従順に受け取るしかなかった

■愛されたいから期待に応えてきた

「人間は愛されないと生きていけない存在である」と言われます。たとえば、赤ちゃんは食べるものや飲むものだけを与えられていれば成長するのかというと、じつはスキンシップや言葉かけなどの関わりがないと、生きていけないそうです。

　あなただってそうです。本能で愛されることの必要性を感じていたあなたは、親に好かれるために、認められるために、あるいは家庭の中でなんとかうまくやっていくために順応してきたはずです。

　そして親から発せられるメッセージが先ほどあげたような禁止令であっても、生きていくためには従順に受け取るしかなかったわけです。「愛されるためには期待に応えることがいちばん」、これは子どもも大人も感じるようです。

　しかし家族や、身近な人間関係の中で、期待に応えようと禁止令を受け取り続けていくと、あなたを苦しめるようなつぶやきが、どんどん蓄積されていくことになります。

親から禁止令を受けとる理由

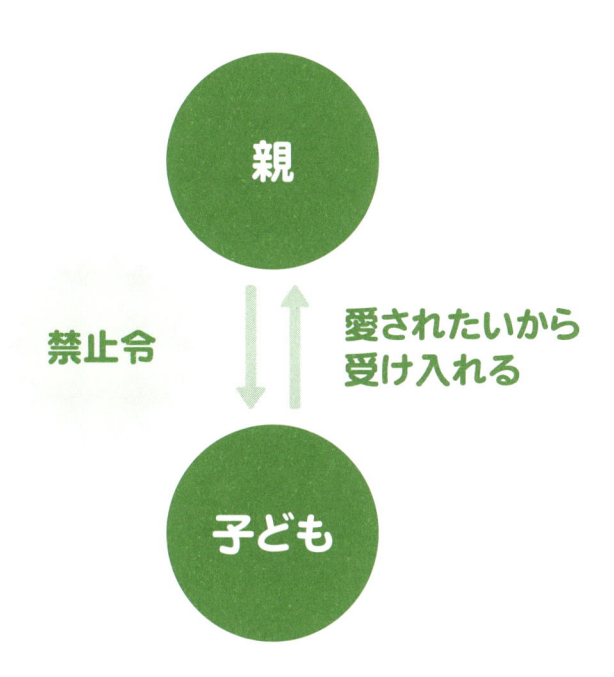

親 → 禁止令 / 愛されたいから受け入れる ← 子ども

■禁止令をとくことはできる

　では、その蓄積されてしまったつぶやきに、どのように対処していけばいいのでしょうか。**心理学では、85パーセントの人たちはそのつぶやきから解放される**としています。
　それは、「**人生の脚本を書き換えていく**」ということです。もちろん、消しゴムでサッと消して書き換えるようなことはできません。時間をかけて書きこまれたものは、やはり時間はかかりますが少しずつ書き換えていくこともできるのです。

愛によって禁止令がとける

愛とは徹底的に
あなた本位の時間をもらうこと

■ **愛の定義**

　ここでちょっと一息ついて、「愛の定義」について考えてみましょう。愛というのは抽象的で、その定義は人の数だけあるものかもしれません。
　心理学の中で、精神分析という分野がありますが、その定義では「愛とは、相手のために、相手本位に時間を与えることである」としています。ちょっとむずかしいでしょうか？
　たとえば、子どもがつらいことがあって、そのことをお母さんに打ち明けたときに、お母さんが口を挟まずに優しい表情でうなずきながら充分に話を聴いてくれると、子どもは愛情を感じます。会社の人間関係においても、同じことが言えるのではないでしょうか。上司が自分本位に命令や指示を与えるのではなく、たとえ時間がかかっても部下に考えさせる時間をとり、成長を見守ることができるなら、そこには愛を感じます。落ちこんで泣いているときに、恋人が何も言わずにただ背中をさすってくれるのも、愛を感じさせてくれるでしょう。言い換えてみると、「**徹底的に自分本位の時間**」を**提供してくれる人から、私たちは愛を感じている**ようです。これはなかなかわかりやすくて、応用がきく定義だと思います。

愛が禁止令をとく鍵になる

愛

徹底的にあなた本位の
時間をもらうこと

プラスメッセージ

あなた自身が禁止令をとき
人生の脚本を書き換えることができる

chapter
3

■ 愛を貯金しよう

　じつはこの**愛の定義は、「人生脚本の書き換え」に使える**わけです。あなたを苦しめるつぶやきがあるのだとしたら、それはあなた本意の時間が与えられず、相手がイライラや憂さ晴らしのために、相手本位のメッセージを禁止令として降り注いできたからかもしれません。

　ではどうすればいいのかというと、**「あなた本意の時間を取り戻す」**ことにあります。

　具体的にはあなたの脚本を書き換えてくれるような、プラス・メッセージをたくさん受け取ることです。

プラス・メッセージが人生の脚本を換える

プラス・メッセージは言葉と言葉以外のものがある

■プラス・メッセージ

あなたの人生の脚本を書き換えてくれるような、プラス・メッセージとはどのようなものでしょうか？
まず、人から人へ送るメッセージには言葉によるものと、言葉以外のものとがあります。

■言葉のプラス・メッセージ

ありがとう、たすかった、おつかれさま、楽しい、すてき、たいせつ、大好き、愛している、おいしい、ごちそうさま、など。

■言葉以外のプラス・メッセージ

抱きしめる、なぜる、キスする、微笑む、うなずく、話を聴く、握手をする、など。

プラス・メッセージ

言葉のプラス・メッセージ

ありがとう
たすかった
おつかれさま
楽しい
すてき
たいせつ
大好き
愛している
おいしい
ごちそうさま
……

言葉意外のプラス・メッセージ

抱きしめる
なぜる
キスする
ほほえむ
うなずく
話を聴く
握手をする
……

chapter 3

プラス・メッセージを受け取る方法

他人にプラス・メッセージを与えると自分にも与えることになる

■**プラス・メッセージを充分受けられるのは稀(まれ)**

　プラス・メッセージは誰にとってもここちよく、「私はOK、他人もOK」の基本的な構えを持つためには欠かすことのできないメッセージです。しかし、このようなプラス・メッセージを無条件で与え続けられることは稀(まれ)なことです。
　親が愛情深い人で、精神的にもゆとりがあり、無条件の愛情を子どもに与え続けるたいせつさを熟知していたとしても難しいのではないでしょうか。しかも家庭から一歩外に出ると、学力や運動能力、容姿などで他人と比較され、これとは逆のマイナス・メッセージをたくさん受け取ることになります。

■**あなたからプラス・メッセージを発信しよう**

　では、誰があなたにプラス・メッセージを与えてくれるというのでしょうか？　それは「あなた自身」にほかなりません。しかし、自分で自分に直接プラス・メッセージを与えることではありません。
「あなたから、身近な人に与える」ということです。「他人は、自分自身の鏡である」という言葉があります。あなたが身近な人に対してプラス・メッセージを与えることによって、相手は励まされたり、暖かい気持ちになったり、笑顔が引き出されるでしょう。それを見たあ

ほしければ他人に与えよう

プラスメッセージを与えると

愛の貯金がふえる

なたは同時に、自分自身が励まされ暖かい気持ちになります。
　あるいは相手もあなたの接し方と同じように、あなたにプラス・メッセージを返してくるかもしれません。
「**与えることは失うことではない。与えることは満たされることである**」ということです。自分から与えることで、はじめて愛情があなたの心に貯金されていくのです。

> ## 愛の貯金をする5つのキーワード
>
> 「私はOK、あなたもOK」をめざし
> 　　　　　　　　　愛の貯金をしよう

■私はOK、あなたもOKをめざして

　具体的にはどのようにすれば愛情が貯金できて、「私はOK、あなたもOK」の基本的な構えに近づいていけるのでしょうか？
　次の5つの鍵はそれを具現化していくために有効な方法です。

①与えるべきメッセージがあれば、それを相手に与えること
　これはメッセージの出し惜しみをしないということです。家族や職場の人たちにも明るい声と笑顔で「おはよう」「いってらっしゃい」「おかえり」「お疲れさま」などと、**自分から発信してみる**ことです。
　料理をつくってくれた妻やお母さんにも「ごちそうさま、おいしかった」というプラス・メッセージを言葉と言葉以外（笑顔など）のものをつうじて、たくさん与えるように意識して実践することです。プラス・メッセージを与えられた相手もOK、与えたあなたもOKの意味になるわけです。

②ほしいメッセージがあれば、それを相手に求めること
　相手に求めることは、はしたないことではありません。それは**素直になること**です。美容院へ行ってお気に入りのヘアスタイルになったのであれば、素直に伝えてプラス・メッセージを求めることです。
　「ねえ、美容院へ行ってきたの。自分ではなかなかのお気に入りに仕

上がってると思うんだけど、どう？」。こういうふうに素直に求められると、「ああ、なかなかいいんじゃない」と答えやすいものです。

　間違っても「気づいてる？　わからないの？！　サイテー！」というように、**相手を引っかけてマイナス・メッセージを引き出すことはやめておきましょう**。

　そのほかにも、「**〜してくれるとうれしい**」という表現をつかうことです。「〜ぐらいしてくれてもいいでしょ」と言われると、相手はかえってしたくなくなります。しかし、「〜してくれるとうれしい」と言われると、あなたにそれをしてあげたくなるものです。してあげて喜ばれた相手もOK、してもらってうれしかったあなたもOKです。

③ほしいメッセージが来たら、それを素直に受け取ること

　謙虚なのと、自分を値引きするのとは違います。相手がせっかく「ステキだね」と言ってくれたのに、「いえいえ、私なんか〜」というのは**謙虚なのではなく、自分を値引きしている**のです。このようにあなたが言うと、相手もプラス・メッセージを言いにくくなってしまいます。「あの人にプラス・メッセージを伝えても、やけに恐縮するから言わないでおこう」というようになります。

　相手からプラス・メッセージが来たら、「ありがとう！　そう言われるとうれしい。そう言ってくれるからもっとがんばろうって気持ちになれるわ」。これが謙虚であって、しかも相手をよい気分にさせるコミュニケーションです。プラス・メッセージをもらったあなたはOK、贈った相手もOKです。

④ほしくないメッセージが来たら、素直に断ること

　相手から非難や否定、侮辱、からかいなど、ほしくないマイナス・メッセージを投げつけられることがあります。そのときにあなたはどうするでしょうか？　怒りをがまんしてのみこみますか？　それとも怒りを直接相手にぶつけますか？

　しかしどちらもあなたの心に、マイナスのメッセージを沈殿させることになります。ガマンしてのみこんだあなたはNOT OK、あなたが怒りをぶつけた相手もNOT OKになります。

　ではどうすればよいのかというと、**あなたの気持ちを素直に表現して、そのメッセージを受け取らないようにする**ことです。「○○されると不安になるのです」「○○と言われると苦しい気持ちになります」のように、マイナス・メッセージを受けたときの不安・心配・悲しい・さみしい・苦しいなどの素直な気持ちを伝えることで、相手が理解してくれると、あなたが信じた相手もOK、のみこまなかったあなたもOKです。

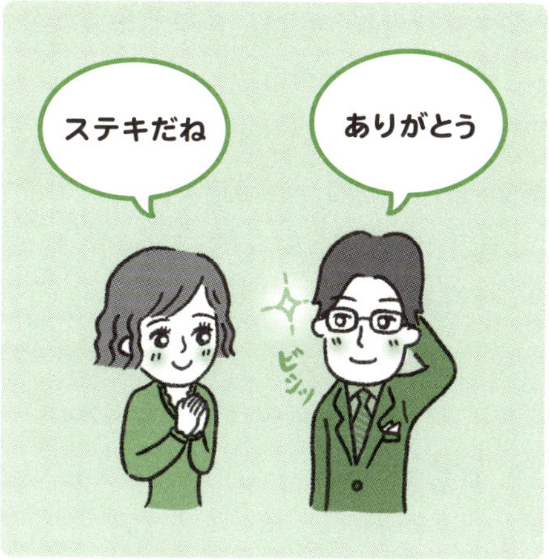

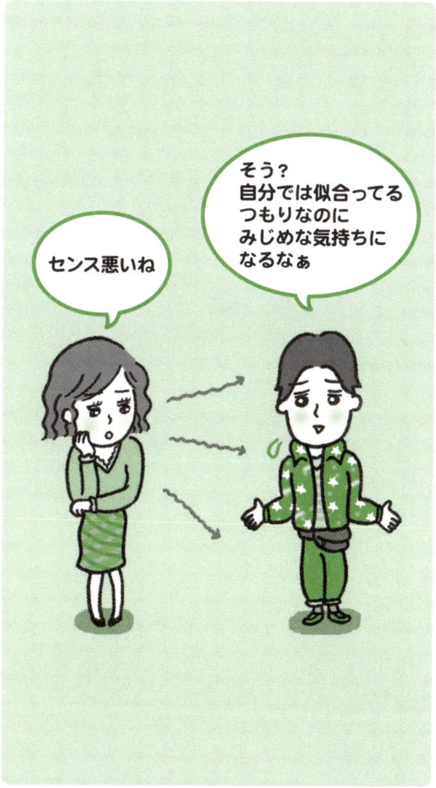

chapter
3

⑤**プラス・メッセージが不足したら、自分で自分に与えること**

　私たちはさまざまな人間関係をもっていますが、いつでもプラス・メッセージがやってくるとはかぎりません。

　親密な関係の中で受け取ることができればいいのですが、そのような時間が持てずに不足することがあります。そのようなときには自分で自分にプラス・メッセージを与えることです。

　それはたとえば、仕事や生活の中でささいなことでも自分ができたことを思い出して、プラスに焦点を当てることです。

　落ちこみグセがはげしい人は、ついつい自分のできなかったことやマイナスの部分に焦点を当てがちです。どんな人でもできること、できないこと。よいところ、そうではないところがあるものです。

　プラス思考のできる人は、自分のできたこと、よいところに意識して焦点を当てているものです。

　自分のプラスに意識して焦点を当てて、**「私は大丈夫」とつぶやくことでプラス・メッセージを与えてください**。

　そのほかには、**鏡を見てほほえむことをクセにすると、自分に対するイメージが上がると心理学では言われています**。

愛の貯金ができる5つのキーワード

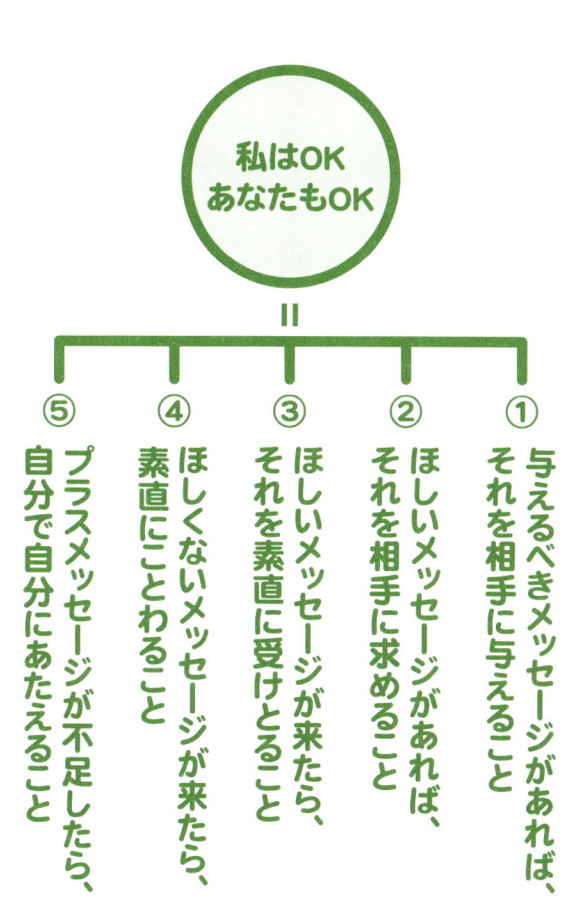

私はOK
あなたもOK

＝

① 与えるべきメッセージがあれば、それを相手に与えること

② ほしいメッセージがあれば、それを相手に求めること

③ ほしいメッセージが来たら、それを素直に受けとること

④ ほしくないメッセージが来たら、素直にことわること

⑤ プラスメッセージが不足したら、自分で自分にあたえること

chapter 3

Chapter 4

自分を愛することで
落ちこみグセをなおす

自分を好きな人は強い人

悩みを解決するのは
あなたの行動なのです

■ **自分のことが好きですか？**

「あなたは自分のことが好きですか？」
　あなたはどう答えるでしょうか？「自分が嫌いです」と言う人は、つらい状況なのでしょうね。
　人間は生きていく中で、食べ物や物質・お金が豊かにあれば幸せというものではありません。**人という存在が生きていく中で、最もたいせつにすることは自尊心なのかもしれません。**
　自尊心とは、「自分のことをたいせつで重要な尊い存在である」と感じることです。最もつらいことは、「自分はたいせつでも重要な存在でもない」と感じていることではないでしょうか？
　つまり自尊心が持てない状態です。この自尊心が持てていない状態では、「なんとかなる」「やればきっとできる」などのプラスのつぶやきを見つけることがなかなかできません。

■ **自分はひとりでもやっていける**

　自尊心を持っている人は少々のつらい出来事や状況が起こっても、やがては混乱から脱して安定した行動をとり、解決に向かっていけます。**自尊心を持っている人は同時に自分を信頼しているからです。**

自尊心からくる自己信頼感

自尊心
＝
自分のことがたいせつで
重要で尊い存在である

自己信頼 ＝ 自分は大丈夫

「自分は大丈夫、ひとりでもやっていける」というこの感覚を「自己信頼感」と言いますが、心の強さには欠かすことのできない感覚です。

逆に自尊心からくる自己信頼感を持てないと混乱し怯え、常に周囲の言動や状況の変化に振り回され、解決のための積極的な行動がとれずに悩みこんでしまいます。

悩みを最終的に解決してくれるのは、あなたの行動なのです。じつは前向きな行動をとっていくために心を変化させる必要があるのです。

あなたのほんのささいな行動変化でも、周囲の人や状況を変えていきます。この少しずつの行動変化があなたや周囲に影響を与え、悩みや問題を解決させていきます。さて、その行動の源になる「自尊心」「自己信頼感」をあなたはいま感じていますか？

自分をあきらめることだってたいせつ

だれもがみんな、未完成
「あきらめる」とは「明らかに認めること」

■自己嫌悪感

　自尊心や自己信頼感が持てない人の中には、自分に対するハードルが高い人がいます。つまり「こうあらねばならない」「こうあるべきである」という、自分自身に完璧を強いている人です。もちろんこれは親（養育者）を中心とする周囲の人たちから突きつけられたものかもしれません。

　自尊心や自己信頼感の逆は「自己嫌悪感」です。**自己嫌悪は「現実の自分」と「理想の自分」とのギャップが大きいときに感じます。**つまり、自分に課した「理想」があまりに高いと自己嫌悪になるわけです。そしていまの「ありのままの自分」を許し、受け入れることができなくなります。

■みんな未熟なのです

　残念ながら、私たち人間は超未熟の状態で生まれてきます。その超未熟な赤ん坊は親に守られ、育てられ、それ以外にも多くの人に出会い、教えられ、また自分でもさまざまなことを体験・経験し、少しずつ成長し「あなた」という一個の人間性の完成に、ゆっくり向かっていきます。

自己嫌悪感とは？

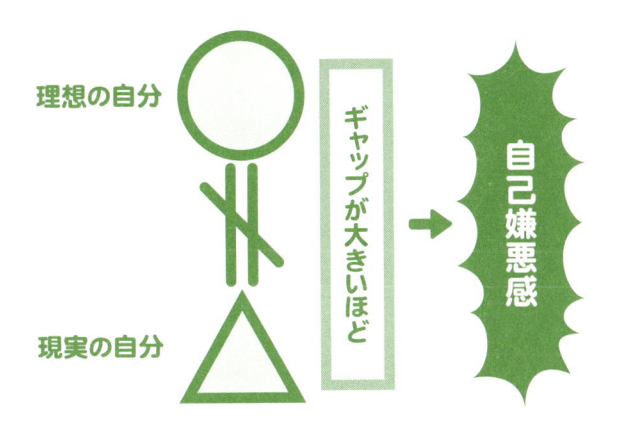

理想の自分

現実の自分

ギャップが大きいほど → 自己嫌悪感

　そして、もしあなたが80歳まで時間を与えられた人生を送ったとしても、「あなた」という人間性を完成できるかどうかはわかりません。実際には、一個としての人間性を完成する「自己実現」をする人はほんの一握りかも知れません。
　だから、あなたがもし20歳代や30歳代、40歳代だとしたら完璧であるなんて、とんでもない話でしょう。**人間はみな欠点や弱点、いかがわしいところ、不純なところだらけで未完成の状態**なのです。

chapter 4

■ **自分のダメなところを認め、受け入る**

　そこでたいせつなことは、**自分のダメなところ**（もっとも、あなたがそう思っているだけかもしれませんが）**を認め、受け入れることです**。これは少々きつくてつらいことかもしれませんが、しょうがないのです。
「仕事の処理が同僚に比べて遅い」→しょうがないのです。
「口下手でコミュニケーションが苦手」→しょうがないのです。
「男性に人気のあるモテる友人より容姿では明らかに負けている」→しょうがないのです。
「自分より素敵な人を見ると嫉妬心から腹立たしい」→しょうがないのです。
「さみしさや不安を感じると感情的になって身近な人にかみついてしまう」→しょうがないのです。

■ **「あなた自身」には決してあきらめないで**

　ここで言う「あきらめる」という意味は、未熟な弱い自分の一部を認めるということです。「明らかに認める」という意味もあるのです。
　そして、そこから目をそらさずに向き合い、学び、行動して乗り越え成長することです。
　たとえば、仕事が終わってからでも専門学校やスクールに通ったり、内面を磨くためにカウンセリングなども学んでみる。
　男性でも女性でもステキな人は自分の未熟で弱いところにはあきらめ、認めながらも、「自分自身」には決してあきらめずに学び、行動し、少しずつでも成長している人です。
　なげいているばかりでは解決できないことを知っているのです。始めることはどんなことからでもいいのです。

私が担当している心理学ゼミの生徒さんで現在は医療関係の仕事でイキイキと活躍されている女性がいらっしゃいます。

　彼女はゼミに来たときはOLさんとして勤めていたのですが、カウンセリング心理学を学ぶうちにもっと自分を活かしてイキイキと仕事をし、人生を楽しもうと決意されました。

　その結果当時の仕事を退職し、貯金をはたいて4年間の専門学校の課程に入学し熱心に学んだ結果、みごと国家試験にパスして新たな自分の人生をつくっています。

　結婚をひかえているにもかかわらず、彼女のとった決心と行動は自分の人生をたいせつに考えたことを証明しています。

　あなたが、許せないままで認めることができなかった「部分」には、時間をかけながらもあきらめていくことが必要ではないでしょうか？

　つまりそれを受け入れるということです。しかし、少しずつでも行動し、乗り越えて行く。

「あなた自身」には決してあきらめないでください。

chapter

4

自分を信じる人は他人と未来を信じる

自分を信じて
ぼちぼちと歩き出して行こう

■**人生は登山のようなもの**

　自分を信じること。これを自己信頼感と言いますが、これを持っている人は同時に世の中で起こる出来事の理不尽さも知っている人です。つまり何が起こるかわからないし、自分にとってありがたくないことが起こることもまた覚悟しています。
　しかし、自分の周りで起こる出来事に一喜一憂するのではなく、**じっくりと周囲を観察し、ゆっくりと自分のするべきことを考え、ぼちぼちと歩きだしていきます**。まるで登山のようなものかもしれません。
　僕はアルピニストの野口健さんの大ファンなのですが野口さんは山と親しむことについて次のような表現されていました。

「山に登るということは地球の息吹を感じることであり、同時にこの大自然界の中での自分を知ることでもあります。登りはじめのころは希望に満ちて、頂に臨んだときの爽快な気分を期待しているのです。しかし頂を目指すプロセスの中ではさまざまな大自然の洗礼を受けるのです。風の強いときは足を踏み外す危険があるので身をかがめ、慎重に歩を進めます。雪嵐の時には何日もじっと待ち、これまでの道のりを回想しこの山のことをあらためて知ろうとする。そして、この雪嵐が止んだらどのように歩を進めるのかを考える。でも僕ひとりでは

ないのです。仲間たちとも話し合い、意見を対立させ、また協力を誓いながら明日の一歩をふみだしていく。自分たちを信じて、そして希望を捨てずにやがて来る晴れの時を信じて準備する。じつはこの時こそがたいせつなのです。これは人生と同じだと思うのです」

 たしかにそうなのかもしれません。私たちが生きる中では不測のことがたくさん起こるでしょう。都合のいいことばかり起こってくれません。その中でいままでを振り返り内省し、これからできることを考え準備し行動する。
 そして**完璧ではなくてもそうやって少しずつでも成長していける自分を信じ、周囲の人たちに働きかける**。そうしてまた不測の未来に希望を見つけていくのでしょう。

> # つまりはアイデンティティ
>
> アイデンティティの獲得によって
> 自分や周りにやさしくできる

■あなたは何者ですか？

　アイデンティティという言葉がよく使われるようになりました。日本語に訳すると「身分証明」あるいは「自己証明」ということになります。つまり「あなたは何者？」という問いを満たすことです。
　自分という存在がわからない、周囲の人からどう認識されているかわからない。自分に何ができるのか？　一個の存在として社会にどう影響しているのかわからない。そんな中で自己信頼感は持てないでしょう。さて、あなたは何者ですか？

■自尊心を伴った自己の認識

　自分を証明する、確認するものとしては次のようなことが参考になるでしょう。性別・国籍・出身地・氏名・年齢・家族・仕事・友人・趣味・宗教・それ以外の活動などです。その意味では欧米などを中心とする諸外国の人たちは強いアイデンティティを持つ人が多いと言えるでしょう。愛国心を強く持つことが当然という価値観があり、個人主義的な考えが社会や家庭の基本にあることも影響しています。そしてアイデンティティを獲得し、意識することで自尊心（プライド・自分を尊重する気持ち）につながっていきます。自分が所属するところ

アイデンティティとは？

```
安定した居場所
（身近な人とのよい人間関係）
      ↓
   役割がある
      ↓
  周りに貢献できる
      ↓
周りからフィードバック・感謝
      ↓
    （自尊心）
```

→ アイデンティティ

があり、仲間や家族がいて、いごこちのよい居場所があり、愛され、役割があり、存在や能力を十分に評価されている。

ですからアイデンティティというのは、自尊心をともなった自己の認識と言えるかもしれません。アイデンティティの獲得（自尊心を伴った自己認識の獲得）によって、私たちは自分を確認し、自己愛（自分に対するあたたかい気持ち）を持ち、自尊心を持って人や社会にかかわり、また自分と同様に人や社会をたいせつにします。心おだやかに、そして愛情深くイキイキと生きていく上で不可欠な要素でしょう。

アイデンティティを獲得する

アイデンティティを獲得するには
役割を担い、周囲の人や社会に役立つこと

■ **アイデンティティ・クライシス**

アイデンティティは一度獲得したからといって一生それが維持できるわけではありません。

たとえば学生のときに獲得したアイデンティティは、やがて社会に出ていくときには切り替えていかねばなりません。いままでの友人と別れ、経験したことのない職業というものに就き、そこで新たな人たちと出会い、役割を担い、居場所を確保していかなければなりません。

子育て中のお母さんは「わが子を守り、育てると」いう、たいせつな役割があるときは自尊心を持ち、大変ながらもアイデンティティを獲得している状態です。しかし子どもがある程度成長し、自立すると精神的にも親からどんどん離れていきます。ここでお母さんは、いままでの大きな役割を通じたアイデンティティを喪失します。この状態を「アイデンティティ・クライシス（アイデンティティ危機）」と言います。

定年退職を迎えた男性はいままでの「管理職」「部長」「取締役」という社会的な大きな役割を終え、仲間や居場所、役割を一旦失います。つまりアイデンティティ・クライシスの状態にあるわけです。このときに仕事一筋でいままで来た人はこれから何をすればいいのかわからず、社会との接点も失っている状態なので、自尊心を持てないで落ちこみ、沈んでしまいます。

新たなアイデンティティの獲得例

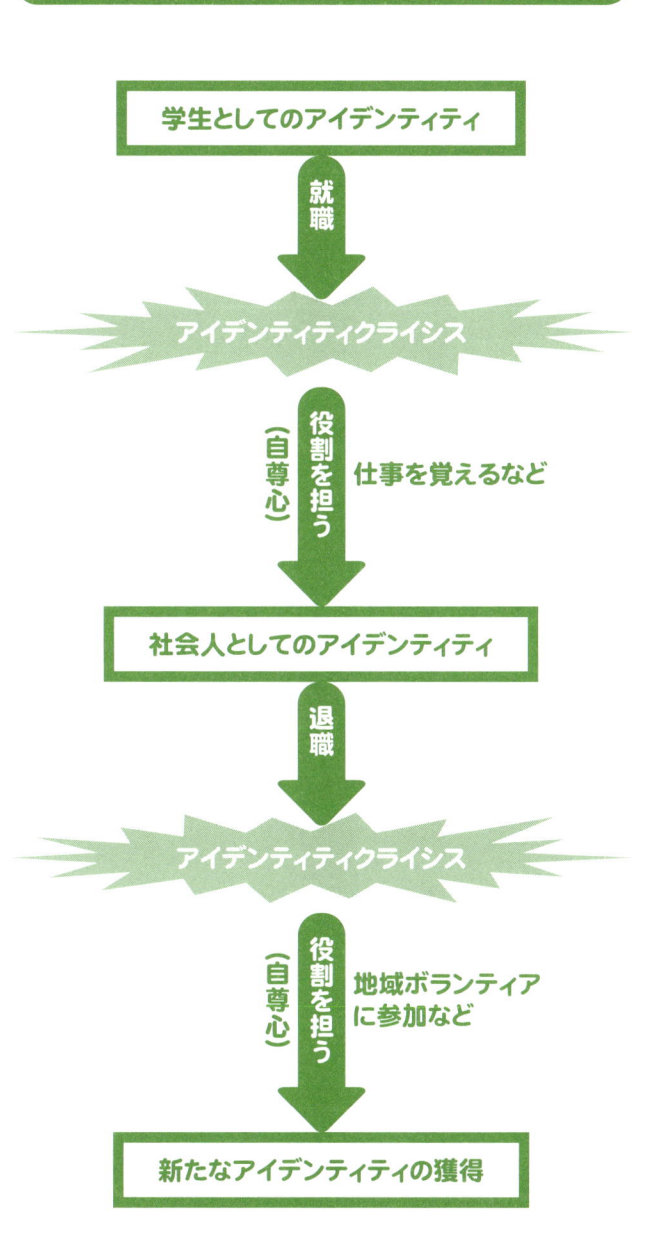

学生としてのアイデンティティ

↓ 就職

アイデンティティクライシス

↓ 役割を担う（自尊心）　仕事を覚えるなど

社会人としてのアイデンティティ

↓ 退職

アイデンティティクライシス

↓ 役割を担う（自尊心）　地域ボランティアに参加など

新たなアイデンティティの獲得

chapter 4

■新たなアイデンティティを獲得していく

このアイデンティティ・クライシスは、だれでも一生を通じて何回も経験するものなのです。しかしそこから、またあらたな人たちと出会い、役割を担い、仲間と居場所を見つけます。そして認められ愛され、次のアイデンティティを獲得して、また自尊心を取り戻してイキイキと生きていくのです。

この**「新たなアイデンティティ」を獲得するには「役割を担い、周囲の人や社会に役立つ」ことが必要になります。**なぜなら自尊心は、あなたを取り囲む人たちの影響が強く関わってくるからです。

■自己有用感

あなたがとる何らかの行動によって、身近な人たちが喜び、また助かります。それにより、あなたに感謝の気持ちを示したり認め高く評価したりすることで、あなたの心の中に「自己有用感」が積もっていきます。

自己有用感とは「自分は役に立つ、たいせつな存在である」という感情のことです。この感情なしには自尊心が持てることはないでしょう。

では、この自己有用感を感じるためにはどうすればいいのでしょうか？ それはあなたのアイデンティティを形成しているひとつの「役割」を見つけることです。

それは最初から重要で大きな役割ではなくてもいいのです。ささいな、小さな役割でもいい。あなたが、いまできる事でいいのです。それを通じて身近な人たちの役に立ち、その人たちの笑顔をあなたの胸の中に積み重ねていけばいいのです。

自己信頼の根本である「自己有用感」

自己有用感

私はだれかの役に立てる存在である

⬇

自尊心

だから、私は自分を尊重できる

⬇

自己信頼

大丈夫。私はなんとかひとりでもやっていける

人間関係は鏡

常に「自分」という存在は、
周囲の人や環境を通じて感じる

■ **あなたができる小さな役割**

　あなたがすることのできる小さな役割は、あなたの胸の中に周囲の人の笑顔と同時に自己愛を与えてくれます。

　電車の中で席を譲る、荷物を持って手伝う、会社では笑顔で気持ちよくちゃんとあいさつする、だれかが悩んでいたらやさしく話を聴いてみる、仕事で周囲の人のサポートをする……。できることは何でもあるはずです。

　逆に、**小さなことに目を向けず、周囲の人のサポートもせず、愛情を贈ることなく愛情を受け取ることはないでしょう。**

　人間関係はよく鏡にたとえられます。**あなたの周囲の人が向ける笑顔が実はあなた自身**なのです。「自分のことを好きになりたい」「自己信頼感をもってイキイキと過ごしたい」「自尊心（プライド）を持って生きていきたい」これらはだれもが人生の中で望んでいることでしょう。

　しかし、あなたはひとりで生きているわけではないのです。多くの人たちと出会い、ふれあい、助け助けられ、共存しているのです。周囲の人や環境を通じてつねに「自分」という存在を感じているのです。

　あなたのふるまいは、周囲の人に確実に影響を与えています。そして、あなたも周囲の人たちの影響を受け取り、少しずつでも自分を好きになっていきます。そしてどんどん好きになっていく。

小さな役割は周囲とあなたを幸せにする

　あなたはこの世の中で唯一の存在です。もともと、自分を含めて出会っていく身近な人を幸せにするために生まれてきたのかもしれません。もともと、たいせつな存在だったのではないでしょうか。

Chapter 5

望む人生を手に入れる方法

> # どんな未来を描いていますか？
>
> 人生は自分のイメージ通りの
> 人生になっている

■あなたの未来のストーリーは？

　あなたは自分の未来をどんなストーリーに描いていますか？　楽しくて明るい、希望に満ちた「成功のストーリー」ですか？　それともちょっと「悲しいストーリー」ですか？

　私たちの人生は、自分の持つイメージのとおりに設計され、物事もそのとおりに運んでいきます。

　つまり、**いまのあなたがそこにいるのは、あなたがそうイメージしたからなのです。**

　なぜか恋人と最終的にはうまくいかなくなる。仕事に意欲がわかず、イキイキとした気持ちが持てない。自分に自信が持てず、この先どうしたらいいかわからない。

　悲しい状態にある人は、深層心理の中で、悲しいストーリーをつくっているものです。

　では、そのような人がどういう状態にあるかを、具体的に見てみましょう。

Aさんは32歳で外資系企業に勤める女性です。仕事はまずまず充実しているようですが、彼女の悩みは**いままで恋愛が長続きせず、ここ1年半ぐらいは恋人もできない**ようでした。結婚して家庭を持つ友人たちが多くなってくる中、現在のさみしさと、将来に対する不安と、そこから来る焦りから暗い気持ちに沈みがちで、そこから何とか抜け出せないものかと、カウンセリングに来られたクライアントです。

　Bさんは29歳男性。機械関係のメーカーに勤めるビジネスマンです。現在の仕事や収入にとくに不満があるわけではないようですが、熱意を持ってイキイキと仕事をしているのではなく、どこか**マンネリ感を持っている**ようでした。「このままでいいのか？　いまのままで充実した人生ということができるのか？」自分に対する問いかけに力強い答えを見つけることができずに、ますます自己嫌悪に陥る日々をなんとか過去に送りやり、希望を持てない明日を憂いている状態のクライアントでした。

　Cさんは社会人6年目の25歳。短大を卒業後、食品会社のOLとして入社。仕事もテキパキとこなし、社内では後輩からもしたわれる立場になってきました。ある程度まとまった休みを取ることも雰囲気的に許され、友達と海外旅行に行くのが楽しみでした。しかし最近では冷静に考える時間が少しずつ増え、**将来のことを考えるとまるで霧がかかったように未来の自分の姿が見えない**のだと悩んでいました。「何かを変えてい

chapter

5

きたい」そうは思いながらも親元から離れて一人暮らしをする経済的な負担や、転職をして大きく環境を変えるリスクを考えると動けなくなり、また動きが取れない自分にイラだち、悲しい気分になっているようでした。

　D君は20歳の大学生です。就職活動も本格的に始めなければならない時期にきているのですが、なぜかやる気が出ないとのことでした。**いったい自分が何をしたいのか、どんな職業に就きたいのかわからず**、そう考えているとついには「なぜ働かないといけないのか。いまの時代、組織に勤めても将来の保証もなく、何になるというのか？」と思考はマイナスに拡大していき、すべてに対する意欲が削がれて落ちこんでいる様子でした。

悲しいストーリーは自分でつくっていた

**不幸な人は「不幸なイメージ」を
していたのです**

■悩んでいる人たちの共通点

　前述の人たちの悩みは、特別のものではなく、だれもが持ちうる悩みでしょう。カウンセリングルームではこのような悩みが最近増えてきているのです。

　みんな、「変わりたいけど、変われない」もどかしさと、そんないまの自分に対する嫌悪感、そしてこの先どうすればいいのかわからない不安感を持っているようです。

　さてそこで、あなたはこれらの悩んでいる人たちの共通点がわかりましたか？　じつは共通点はみんな**「自分が想っている自分になっちゃった」**ということです。

「そんなばかな！　だれが好き好んで悩んだり、不幸な気分になる自分を望むっていうんですか！？」

　そんな反論が聴こえてきそうですが、これは事実なのです。

「自分がいまの自分になるように想っていた」、あるいは少し付け加えるとしたら**「充実して、イキイキしている自分をイメージしなかった」**ということなのです。多くの人の場合はむしろこの「充実して、イキイキしている自分をイメージしなかった」ケースのほうが当てはまるのかもしれません。

　たまたま縁のあった会社に入って、与えられる仕事をこなして、自分で思い描く展望も特になく、自分は将来どうなっていくのかを漠然

chapter
5

と眺め不安を持っている状態です。「充実して、イキイキしている自分のイメージ」とは、あなたの人生や仕事にとっての「航海図」です。航海図を持たない航海は、彷徨し難破する可能性が高いことは言うまでもないでしょう。

　仕事に意欲を燃やし、充実した毎日を送っている人は、以前から「イキイキと仕事に取り組む自分」を強くイメージしてきています。自分の本当にやりたいことを見つけて、楽しんで人生を過ごしている人たちは「最高の笑顔で楽しむ自分」を強くイメージしてきた人たちです。

　ステキな恋愛をする人や、素晴らしい家庭を築いている人は「好きな人と出会って、お互いに尊重しながらゆったりとした時間を過ごしている自分」「幸せな家族に囲まれて笑っている自分」をありありとイメージしてきた人なのです。

　もちろん、このような人たちも簡単によい結果を、何の苦労や努力もなしに手に入れたわけではありません。

　しかし、人生は一回や二回は「棚からぼた餅」的なラッキーもあるかもしれませんが、それが一生続くことは、まずありえません。

　充実や幸福を手に入れる人たちは、「ただのラッキーな人たち」ではなく、不都合なことや予期せぬ不幸、不利益なことが起こったとしても「充実や幸福のイメージ」を自分の心に焼きつけてきた人たちなのです。

悲しいストーリーを描いている人

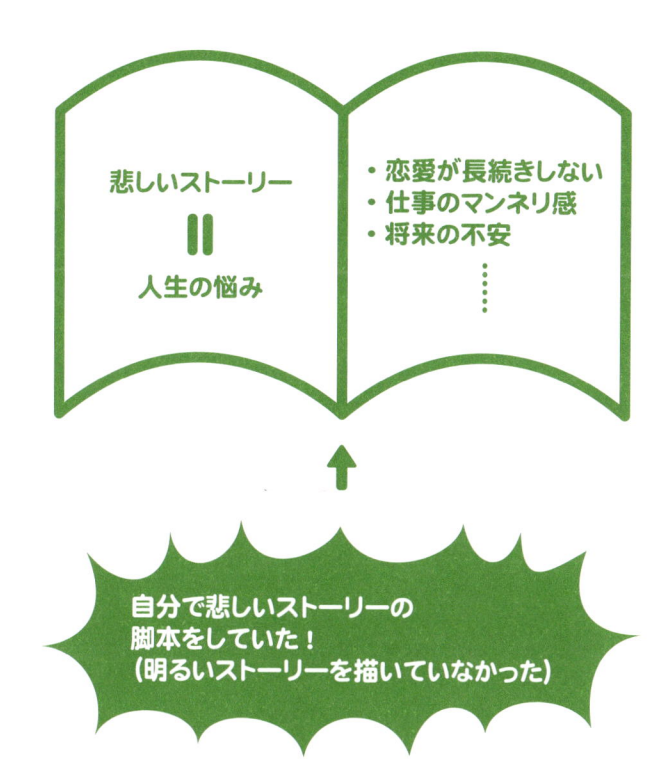

悲しいストーリー
＝
人生の悩み

・恋愛が長続きしない
・仕事のマンネリ感
・将来の不安
……

自分で悲しいストーリーの脚本をしていた！
（明るいストーリーを描いていなかった）

chapter 5

> ## イメージが現実化するワケ
>
> ### 不幸な人は「不幸なイメージ」を
> ### していたのです

■イメージは現実化する

「イメージは現実化する」。マーフィー博士や成功哲学を研究する学者が唱えてきた考え方です。「えー？ そんなに都合よくいかないでしょう」という声が聴こえてきそうですが客観的・論理的にも証明できる、いくつかの事実があるのです。

　たとえば、最近のお年よりは若いと思いませんか？ 私が子どものころは、70歳代のおじいちゃんやおばあちゃんは、すごく「おじいちゃん・おばあちゃん」でした。もう「お年寄り」という感じです。ところがいまはどうでしょうか？ 70歳代の方は若い！ オシャレだし、海外旅行には出かけるし、勉強やスポーツを始める人もいます。この30年間で15歳は若返っているのではないでしょうか？ これはまさにマーフィー博士らが言うところの「イメージは現実化する」ではないでしょうか？ 70歳代でも「若くイキイキ楽しむことがあたりまえ」だというイメージがそうさせるのです。

■夢をかなえた人はすべてイメージしていた

　サッカー界ではJリーグの発足後、サッカー人気がどんどん熱を上げてきました。その中で、日本代表選手になったメンバーのほとんどは、小学校の卒業文集で「サッカーの日本代表選手になる！」という

人生はイメージどおりになる

決意を書いています。

　イチローや松井もプロ野球選手になって活躍している自分をありありと思い浮かべ、少年時代をすごしてきました。ベストセラーを出すような作家は、駆け出しのころから「売れっ子作家」になっている自分をイメージして書いていたそうです。

夢を実現してきた人の共通点

完全に夢をかなえている自分を
思い浮かべるのが秘けつ

■ **潜在意識は現実と想像の区別がつかない**

　前述の彼らが、現在の彼らである共通点は、「心底、そうなる自分を想い描いてきた」ことなのです。これは「もし、そうなれたらいいなあ」ではなく、**「完全にそうなっている」**自分をイメージしてきたことです。

　これは深層心理学でいうと、潜在意識（無意識）は現実と創造の違いを区別することができないため、強く・深く思いこむと、たとえそれが想像の世界であっても、やがて現実になってしまうというものです。

　なぜなら、「もし、そうなれたらいいなあ」ということは「でもきっと、そうはなれないだろうな」ということを意味し、潜在意識はそれを現実化してしまうからです。

　つまり、ステキな恋愛をする人は、ステキな人と出会って自分が輝いている状態をありありと、まるでそうなったかのようにイメージしているので「それが、あたりまえ」になっているのです。だから、あたりまえのように魅力的な笑顔が出て、あたりまえのように最大限に自分の魅力を引き出す装いに関心がいき、あたりまえのようにそういう自分にふさわしい異性を見つける嗅覚も敏感になってきます。

　しかし、意識で「もし、そうなれたらいいなあ」という人は、「自分にはそんないいこと、きっとないよな」と潜在意識では想っている

潜在意識でイメージしたとおりになる

意識	潜在意識
もしなれたらいいな	きっとうまくいかない

↓

現実

潜在意識でイメージしたとおりになる

ため、表情にも自信がなく暗いイメージを周囲に与え、装いにもあまり気を配らず、「きっとうまくいかない自分」に見合った「うまくいかない相手」を探し、それで「これでいいんだ」と心理的にはどこかで、妙に落ち着いてしまうのです。

　いまのあなたは、「あなたが潜在意識でイメージした自分」に見合った現実なのです。

> # あなたの「成功ストーリー」を脚本する
>
> 潜在意識に植えつけるには
> 明るいストーリーをつくる

■明るい、成功のストーリーを描く

　どうすれば、悲しいストーリーから抜け出せるのでしょうか？
それには、「暗く、悲しいストーリーを描いてはいけない」ではなく、
**明日から先の自分の未来に「明るい、成功のストーリー」を脚本して
みることがいちばんいいのです。**
　なぜなら、「暗く考えてはならない！」と思えば思うほど、「暗さ」
が潜在意識に残るからです。潜在意識はそれが現実なのか、想いなの
かは判断できません。だから、あなたが演出した明るい、成功ストー
リーで潜在意識を、それがあたかも現実であるかのように思いこませ
てしまうことです。

■幸せオーラは自己イメージのたまもの

　ステキな恋愛がしたい人は、優しい笑顔で笑っている自分をイメー
ジしてみてください。男性であれば、女性を包みこむようなカッコい
い笑顔がいいかもしれません。
　イメージするのが難しい人は、自分があこがれる女優・俳優をモデ
ルにすればいいのです。似合う装いで魅力を引き出し、だれよりも自
分が輝いているイメージです。
　映画やテレビで見る女優・俳優は俗に言う「オーラ」というのが感

じられますが、これは「自己イメージ」のたまものです。

　よい自己イメージを持っている人は、自信が感じられ、表情のつくり方や話し方、歩き方さえも魅力的になってくるはずです。

　幸せな結婚をしたい人は、自分が理想とする結婚生活をイメージしてみてください。このときにたいせつなことは、自分が育った家庭が幸せな家庭であった場合はモデルが見つかりやすいのですが、そうでなかった場合には自分でイメージをつくる必要があります。

　なぜなら、あなたの深層心理の中では「うまくいかない家庭が〝あたりまえ〟」になっている可能性が高いからです。

　互いに尊重しながら、2人で幸せを積み上げていくことです。ケンカをしながらもいたわりあい、素直に心を伝え合える関係です。

　安心感と信頼感が2人にはあり、夫婦であると共に最高のパートナーです。

　仕事でイキイキと成功したい人は、具体的な仕事内容までイメージできなくてもいいのです。

　イキイキとした表情で、テキパキと仕事をこなしているあなたをイメージしてください。

　仕事が苦痛なのではなく、楽しみになっています。だから朝起きるのもつらくはなく、早く目覚めて朝食を摂り、エネルギーが上がった状態でゆっくりと職場に向かいます。

> ## 望む未来の日記をつける
>
> 　　　　　　実際にあったように将来のことを
> 　　　　　　　　　　　　日記をつけてみる

■１ヶ月後、１年後、３年後の「ある一日」の日記

　ではここで、明るい「成功ストーリー」をつくるための試みをご紹介しましょう。これは「未来日記」というやり方です。
　あなたの１ヶ月後、１年後、３年後の「ある一日」を想像します。そして、それがあたかも実際にあったかのように日記を書いてみるというものです。

> **例：１ヶ月後の日記**
>
> 　今日は朝から気分よく目覚めた。朝食を摂り、いつもより少し早めに家を出て会社に向かう。とくに昨日と何の違いもないが、自分で気持ちを切り替えて一日を送ってみることにした。
> 　同じ人生であるなら、楽しんで何事にも取り組んでみようと決心した。たとえそれが「フリ」であったとしても、まずは表情と行動だけは前向きなものにしていこう。つまらなさそうに暗い顔をしていてもいいことがあるわけはないし、他人に迷惑なだけである。
> 　上司とはまた今日も意見が対立した。上司の自己保身にはイラだつ。しかし、彼なりにもその立場から守らなければならないこともあるの

だろう。人間とはみんな弱点があるものだ。そういう上司もうまく使って仕事をすすめていくようにしようと心がけることで、イラだちはおさまっていく。どこの組織でも似たものであろう。要は自分次第である。少なくとも自分はよい仕事を完成することに全力を尽くそう。誠実に仕事をすすめていくことで、それが自己信頼感に変わっていく。今日一日の仕事ではそれが実行できたと思う。

今日は清々しい気分でビールがやけにうまかった。

例：1年後の日記

今日は辞令が下り、またひとつ背負う責任が増えた。人事の結果には満足している。この1年間、顧客本位で仕事に取り組んできた成果であろう。青臭い正義感だけで突進するのではなく、上司をうまく取りこんで仕事を進めることにも慣れてきたようだ。

周囲からは「やわらかく、しかも強いエネルギーを感じる」とよく言われるようになった。それはまさしく、自分自身がいつも目標として描いている自己イメージである。いよいよそのイメージが板についてきたのかもしれない。仕事はきわめて順調と言える。誠実に熱意を持ってすすめていくと、こんなにも多くのサポーターが出てきてくれるものなのだ。

最近ではプライベートも充実している。人間はひとつのことで自信が得られると、ほかのことに関してもそれが大きく影響する。友人と食事をしていても前向きな話題が多くなり、その空間と時間を心から楽しめる。自分はこれからもますますよくなっていく。

例：3年後の日記

　仕事にも収入にもたいへん満足している。この3年間というものさまざまなこともあったが、あきらめることなく、腐ることなく前を向いてやってこられた。
　誠実・正直・積極性、しかし他人を批判しない姿勢によるものだと自負している。
　近頃、取引先や知人からぜひ会社に迎えて共に仕事をやっていきたいと声をかけられることが多くなった。これも仕事本位でやってきた成果なのであろう。
　うれしいことであるし、近い将来それが実現するかもしれない。所属する会社がどこであろうと、積極的によい仕事をつうじて社会によい影響を与え続けていくことである。
　また、家族と共に過ごす時間も充実している。素直に気持ちを伝え合うことが豊かな関係とあたたかい空気を運んできてくれる。互いに不満を感じることがあっても意地を張らずに向き合うことができる。
　いつも信頼し合えるし、愛情を共有できる。
　これからも自分はますますよくなっていく。

望む人生の描き方

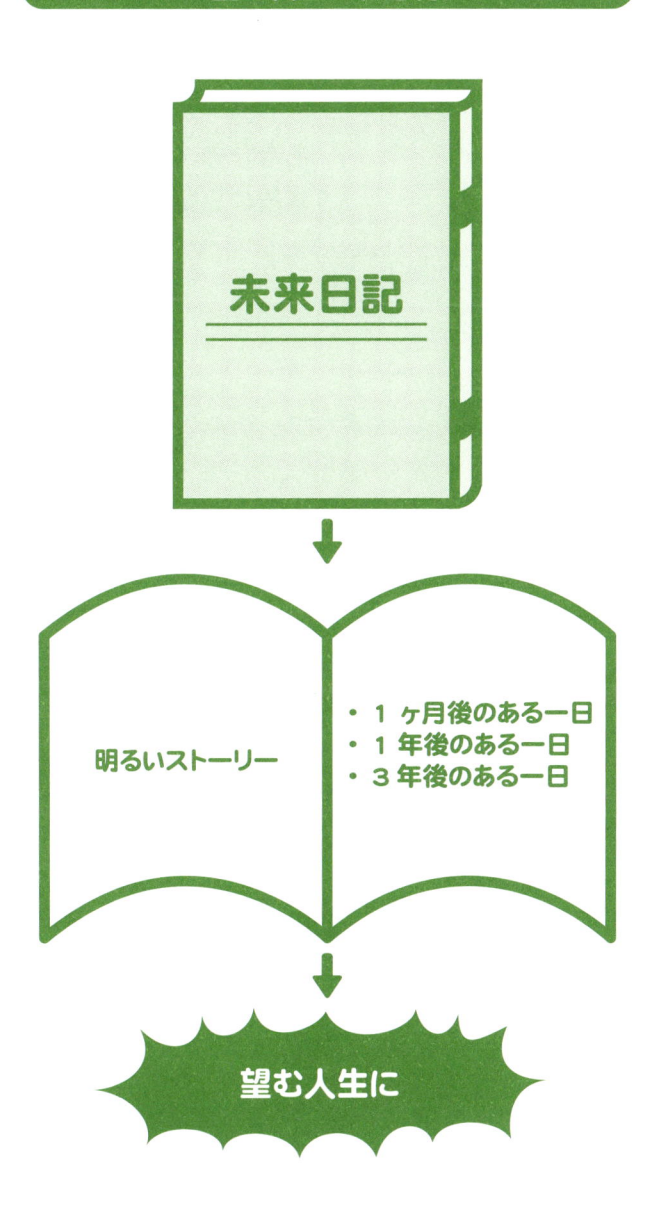

未来日記

↓

明るいストーリー

- 1ヶ月後のある一日
- 1年後のある一日
- 3年後のある一日

↓

望む人生に

chapter 5

あなたの未来日記をつけてみよう

あなたの1ヶ月後、1年後
3年後の日記を書いてみよう

■ポイントは少しずつ

　前述ように「あなたの未来日記」はとてつもなく大きな、すごいことを無理にイメージして書く必要などはありません。
　無理をしてもあなたの潜在意識は「そんなの無理に決まっているじゃない」と言うはずです。
　ポイントは「少しずつ、でもきっと毎日私はあらゆる面でよくなっていく」というイメージを描き、**実際にあったかのように書いてみる**ことです。ばからしいなどと思わずに、書いてみてください。

あなたの望む将来を
書いてみよう。

1ヶ月後（　　　年　月　　日ごろ　　曜日）

1年後（　　年　月　日ごろ　曜日）

3年後（　　年　月　日ごろ　曜日）

chapter 5

アファメーションは未来の自分をつくる

イメージの書き換えをするに効果的な自己宣言法

■ 3つのポイントでイメージ書き換え

あなたの持つイメージは、確実にあなたをその方向に導いてくれます。しかし、ここでたいせつなことは、顕在意識（意識）で思いこむのではなく、**潜在意識（無意識）までもが思いこむことができるかが、鍵**になります。なぜなら、先ほども触れましたが、あなたのイメージが「それがあたりまえ」のレベルになるのは、潜在意識までもが思いこんでいる状態だからです。

しかし、いままで潜在意識に書きこまれていた「マイナス」のイメージを書き換えていくには少々時間がかかるかもしれません。それはあなたが生まれていままでの長い時間の中で、親や学校の先生、友人や出会ってきた人たち、あなたが経験してきたことや、さまざまな情報によって刷りこまれてきたイメージだからです。

この「イメージの書き換え」に使われる、効果的な方法として「アファメーション（自己宣言法）」というものがあります。自己宣言法とは、「自分はこうなる」と自分に宣言することです。自己宣言法でたいせつなポイントは、①ありありとイメージする②くり返しイメージを自分に言いきかせる③声に出して自分の耳でも聴き、現実味を感じる、ということです。

なりたい自分になる3ステップ

アファメーション（自己宣言）

① ありありとイメージする
　（映像化するのがベスト）

② くり返しイメージして
　自分に言い聞かせる
　（1日2回、寝る前と起きてすぐに5回くり返す）

③ 声に出して自分の耳でも聴き、
　現実味を感じる
　（文字や絵に描いてみるのも可）

次のページで「3ステップ」を
具体的に解説します。

chapter 5

> # 3つのポイントでアファメーション
>
> 1日2回、5分間の習慣で
> あなたは変わっていく

■①ありありとイメージする

　ここで最も効果的なのは、ビジュアライズ（映像化）するということです。なぜならビジュアルが最も情報量が多いので、潜在意識に強く影響できるからです。

　なりたいあなたの表情や姿勢、態度や行動、そして「あなたが幸せになっている状態」を最初はぼんやりとでもいいのです、慣れてくると、よりはっきりと映像で見ることができるようになります。

　もし、ビジュアライズ（映像化）することが難しい場合は、「そうなっているとき」の感覚や感情をイメージしてみてもいいのです。

　また、それでも難しい場合は、言葉でつくってみてもかまいません。

「僕はますます輝いていく」
「私はますます美しくなっていく」
「私の人生は毎日充実している」
「好きな仕事でイキイキと楽しんでいる」
「尊敬するステキな人と生活を楽しんでいる」
　……など、あなたが望む状態を表現してみてください。

■②くり返しイメージを自分に言い聴かせる

あなたがいままで、悲しいストーリーを持ち続けてきたとしたら、それは何度もくり返し、刷りこまれてきたはずです。

だから、なりたいあなたのイメージに書き換えていくためには、やはりくり返し潜在意識に送る必要があります。何度も何度もくり返し、「そうなってあたりまえ」になる必要があるからです。

そうかと言って、あまりシンドイ無理はやめましょう。強迫観念になってしまっては逆効果です。

できれば**1日に2回、寝る前と起きてすぐに5回くり返しイメージ**してください。

体の力を抜きリラックスして、静かな時間をつくってやってみてください。朝晩あわせても5分ほどでできるはずです。そうです。**たった5分で変わっていける**のです。

■③声に出して自分の耳でも聴き、現実味を感じる

声を出してくり返すことによって、さらに自分の耳でも、それをもう一度聴くことになります。

声に出すことによって、自分で聴くことによって、現実味を感じやすくし、強く潜在意識にはたらきかけることができます。

あるいは、文字や絵で書いてみることも現実味を感じさせる有効な方法ですから試してみてください。

■まずは1週間つづけよう

この3つのポイントを、1日2回、それぞれ5回ずつ実行してみてください。

まずはがんばって１週間続けてみてください。忘れてやらないことがあってもかまいません。

　長くコツコツと「自己イメージ」をつくっていくことがたいせつなので、まずは１週間続けて、また次の１週間と気楽に延ばしていってください。

　もしあなたが「輝いている、イキイキしている」「自分」が「あたりまえ」になるレベルまで潜在意識が徐々にでも思いこむことができると、それにふさわしい表情・態度・姿勢が身につき、服装を選ぶ目も変わり、自分がワクワクできるような仕事内容に自然と興味がわくようになり、行動するようになるでしょう。

　だってそれが「あたりまえ」なのですから、イメージのとおりに必ず近づいていくはずです。

❶ありありとイメージする

❷くりかえしイメージを言い聴かせる

（1日2回寝る前と起きてすぐに5回！）

❸声に出して自分の耳で聴く

ぼくは幸せな楽しい家庭をきずく

❹現実になる！

chapter 5

> ## 幸せになる決意をする
>
> 不幸な人は、ただ単に
> 幸せになる決断をしなかっただけ

■変化はストレスになる

さて、ここまで読んでいただいても「そうは言っても、でもねえ」という人には、もうひとつ提案があります。それは**「幸せになることを決意する」**ことです。

じつは「変化する」ということが人間にはストレスになるのです。それは「不幸な自分から脱出して、幸せになるほうがいい」つまり、「変わったほうがいい」と意識では思っていたとしても、いままでの自分のままでいたほうが、ストレスが少ないのです。

■「できない」はない

カウンセリングでは基本的に「できない」「変われない」という事実はないと考えます。

それは**「できない」**のではなく、**「あなたがやろうとしない」**のです。「変われない」のではなく、「変わろうとしない」のです。

この「やろうとしない」「変わろうとしない」理由は、たとえいまの状態が不満足なものであったとしても、変わらないほうがストレスは少なくてすむことを知っているからです。

変化のストレスをのりこえよう

```
今までの自分
    ↓ 変化    ストレス
            をのりこえよう
  新しい自分
```

「変化する」ということは「いままでの自分を手放す」ということです。いままで、地味な服ばかり着ていた人が、友人からのアドバイスをもらって、華やかな服装にチャレンジするとします。

しかし自分では、「変わったほうがいい」と思っていても、そこには大きな不安があるでしょう。なぜなら「華やかな自分」を演じたことがないからです。そうすると、「変わったほうがいいとは思っていても、やっぱりいままでどおりの自分を演じ続ける」人のほうが多いのです。

不幸な人は、ただ単に不運なだけではなく、「幸せになる決断」をしてこなかった人かもしれません。だから心の中でつぶやくのでしょう。「どうせ世の中なんて」「どうせ私なんて」「そうは言っても、そんなに都合よくいかないよ」。

これらは幸せになる決断をした人の口からは、決して聴くことのない言葉です。あなたを幸せにできるのは「ラッキーな仕事」でも「絶世の美女」でも「白馬に乗った王子様」でもありません。

幸運・不運でもなく、それは、あなた自身の「幸せになる決断」です。そして小さな行動があなたを変えていくのです。

chapter

5

エピローグ

　この本の内容は、「交流分析」「論理療法」「自己暗示法」のおもに３つの手法を中心にすすめました。
　まず交流分析では「過去思考の心理学」とも言われるとおり、「私たちの心はいままでの成育歴から来ているものである」との考え方にもとづき、幼少期からいま現在までの周囲の人たちから受けた影響を見つめなおしました。そのことを理解することによって、初めて心を書き換えるきっかけとなるからです。このことを「無意識の意識化」といいます。気づいていなかった〝あたりまえ〟、つまり固定観念を意識することができることで変化が始まるからです。
　そして論理療法によって「いま、ここ」の心の持ち方を検討し、書き換えていく作業を試みました。ひとつの出来事にも「無数に心の選択肢」があることを知り、私たちはその中から自分にとってよい選択肢をチョイス

できるものです。

　自己暗示法ですが、無理によい暗示を自分に与えようと思っても、なかなかうまくいくものではありません。意識も無意識も納得していなければ、無理な暗示は単なるうそになってしまうからです。その意味でも交流分析で過去の自分を理解し、それに決別し、論理療法で論理的に心の持ち方を知り、自己暗示法でプラスに書き換えていくという順序はベストであろうと考えます。

　一度読んだだけではクリアできない部分が出てくれば、何度も読み返しながら心のパターンを書き換えていくワークブックになることを願っています。最後にこの場をお借りして、あらゆるサポートをいただいた私の師である衛藤信之先生と日本メンタルヘルス協会スタッフの皆さんに、また総合法令出版の金子尚美さまに感謝いたします。

『とにかくおもしろい！』カウンセリングスクールの案内

（東京・名古屋・大阪・福岡で開講中）

　本著者・林恭弘が所属する、日本メンタルヘルス協会では、東京・名古屋・大阪・福岡にて、カウンセリング・スクールを開講しています。
　著者の師でもある、日本メンタルヘルス協会代表・衛藤信之先生の開発したプログラムは、楽しくわかりやすく、感動しながら学べる実戦的な内容です。
　心理学を学んだ経験のない方も安心して参加してください。

【体験ゼミナール（ガイダンス・ゼミ）】
　まずは雰囲気と内容を「体験ゼミナール（ガイダンス・ゼミ）」にて確かめてみてください。主婦や学生、ビジネス・パーソン、教師、医師、看護師など、さまざまな人たちが毎回参加され、どんな人にも役立つ楽しい内容です。

　　日時：5週間ごとで常時開講
　　　　昼クラス／10：30～13：00
　　　　夜クラス／19：00～21：30
　　　（名古屋校は夜クラスのみとなります。詳しくはお問い合わせ下さい）

　　会場：東京・東銀座／名古屋・名駅／大阪・心斎橋／福岡・博多
（詳しくは地図をお送りいたします）

　　受講費用：￥2,500

【基礎コース前編内容】

第1講座：聴き方秘密のテクニック

第2講座：ストレスを取る心のからくり

第3講座：Iメッセージ～大切な人への心の伝え方～

第4講座：悩みを取り去るマイクロカウンセリング

日時：常時開講（スケジュールはお問い合わせください）

会場：体験ゼミと同様

受講費用：￥22,000（税込み、テキスト代含む）

問合せ先：　フリーダイヤル：0120-822-564

　　　　　　東京　：03-3546-8225

　　　　　　名古屋：052-961-6480

　　　　　　大阪　：06-6241-0912

　　　　　　福岡　：092-432-3001

※講演会・研修会につきましては、上記フリーダイヤルまでご問い合わせください。

HP: www.mental.co.jp　Mail: info@mental.co.jp

◆著者紹介◆

林　恭弘（はやし・やすひろ）

1964年生まれ。兵庫県宝塚市出身。
日本メンタルヘルス協会心理カウンセラー・講師。
幼児教育から企業を対象とする人事・教育コンサルタントまでたずさわった後、現日本メンタルヘルス協会代表　衛藤信之氏に師事。
カウンセリング活動の他、東京・名古屋・大阪・福岡での同協会主催の心理学ゼミナール講師、企業・学校・各種団体を対象とした講演会・研修会講師として活動。
「活力ある社会と、優しい家庭を創造する」をテーマに、日常生活に実践的ですぐに役立つ心理学を紹介する。
著書に、ポチ・たまと読む心理学シリーズの『ほっとする人間関係』、『落ちこみグセをなおす練習帳』、『「わたしの生きる道」を見つける練習ノート』、その他『ちょっとした一言で相手が動く夫婦の心理テクニック』、『図解ビジネス心理学１　モチベーション』（総合法令出版）がある。

視覚障害その他の理由で活字のままでこの本を利用出来ない人のために、営利を目的とする場合を除き「録音図書」「点字図書」「拡大図書」等の製作をすることを認めます。その際は著作権者、または、出版社までご連絡ください。

図解&書きこみ式「落ちこみグセ」をなおす方法

2006年10月10日　初版発行
2010年 4月12日　5刷発行

著　者　　林　恭弘
発行者　　野村直克
発行所　　総合法令出版株式会社
　　　　　〒107-0052　東京都港区赤坂1-9-15
　　　　　日本自転車会館2号館7階
　　　　　電話　03-3584-9821（代）
　　　　　振替　00140-0-69059
印刷・製本　中央精版印刷株式会社

ISBN978-4-89346-982-3
© Yasuhiro Hayashi 2006　Printed in Japan
落丁・乱丁本はお取替えいたします。
総合法令出版ホームページ　http://www.horei.com/

総合法令出版の好評既刊

[ポチ・たまと読む心理学シリーズ]　　　　Ｂ６判・並製

ほっとする人間関係
自分を知り、まわりの人と
うまくコミュニケーションできる方法

林恭弘著
定価　1,000円

落ちこみグセをなおす練習帳
いまはつらくても、
必ず「こころ」は強くなれる!

林恭弘著
定価　945円

「わたしの生きる道」を
見つける練習ノート
仕事・夢・生きがい…
見つかる!　かなう!

林恭弘著
定価　999円

ちょっとした一言で相手が動く
夫婦の心理テクニック

あなたのちょっとした一言で、パートナーが、
率先して行動してくれる・変わってくれる!
男女の心理のちがいから、相手を動かす
効果的な心理テクニックを伝授。

林恭弘著
定価　1365円・四六判・並製

総合法令出版の好評既刊

図解ビジネス心理学1
モチベーション

やる気を引き出す20のポイント

林恭弘 ［著］

新書判　並製　　　　定価（本体800円+税）

「なんのために働くのか?」というモチベーションの基礎から、「モチベーション・テスト」によって現在のやる気がでない原因を見つけ、パターン別に効率的なやる気を高める方法を伝授します。

大好評！七田眞のCD対談シリーズ

右脳開発のパイオニア・七田眞が、話題の成功者を招いてインタヴュー。
〔CD2枚組み・小冊子付き　5,000円（税込み）〕

vol.4　「自分」に発見する生き方のヒント
ゲスト：日本メンタルヘルス協会代表　衛藤信之

多くの人々の心の声に耳を傾けてきた
心理カウンセラー・衛藤信之氏が語る
「自分の中に見つける生き方のヒント」とは？

vol. 1	夢をかなえる人生の知恵	ゲスト：本田 健
vol. 2	心を動かし、人を導く	ゲスト：木下晴弘
vol. 3	夢の実現の加速法	ゲスト：望月俊孝
vol. 4	「自分」に発見する生き方のヒント	ゲスト：衛藤信之
vol. 5	「しあわせのコツ」で人生の花開く	ゲスト：小俣和美・小俣貫太
vol. 6	成功への道程、次代への課題	ゲスト：神田昌典
vol. 7	「腹の主」の声を聞いて生きる	ゲスト：片岡鶴太郎
vol. 8	読書が導く成功の道	ゲスト：土井英司
vol. 9	「ツキ」と「運」の成功法則	ゲスト：西田文郎
vol. 10	ネットビジネス 達人への道	ゲスト：岩元貴久
vol. 11	ワタミ流　夢のかなえ方	ゲスト：渡邉美樹

（※お申し込みは電話またはFAXで、弊社までお申し込みください。）

〒107-0052　東京都港区赤坂1-9-15　日本自転車会館2号館7階
Tel:03-3584-9821　FAX:03-3584-3337